BIANCA TOLEDO

BIANCA TOLEDO

PROVA VIVA DE UM MILAGRE

mundocristão
São Paulo

Os textos das referências bíblicas foram extraídos da *Nova Versão Internacional* (NVI), da Bíblica Inc., salvo indicação específica. Eventuais destaques nas citações bíblicas são da própria autora.

Dados Internacionais de Catalogação na Publicação (CIP)
(Câmara Brasileira do Livro, SP, Brasil)

Toledo, Bianca
Bianca Toledo: prova viva de um milagre. — São Paulo: Mundo Cristão, 2014.

1. Deus – Amor 2. Esperança 3. Espiritualidade 4. Milagres 5. Sofrimento
6. Toledo, Bianca 7. Vida cristã I. Título.

14-09565 CDD-248.843092

Índice para catálogo sistemático:
1. Mulheres cristãs: Autobiografia 248.843092
Categoria: Inspiração

Publicado no Brasil com todos os direitos reservados por:
Editora Mundo Cristão
Rua Antônio Carlos Tacconi, 79, São Paulo, SP, Brasil, CEP 04810-020
Telefone: (11) 2127-4147
www.mundocristao.com.br

1ª edição: outubro de 2014
3ª reimpressão: 2016

Ao meu marido, pastor Felipe Heiderich, que atua de forma presente em meu ministério, dando suporte e incentivo não somente ao meu chamado literário, mas também à missão de divulgar minha história e o que ela representa.

Ao meu filho, José Vittorio, meu milagre e minha inspiração constante, memorial da graça, da misericórdia e do amor do Deus, que nos permitiu ter um ao outro, a despeito de todas as impossibilidades humanas. Conhecer José Vittorio e participar de seu desenvolvimento é uma dádiva.

À minha mãe, que se manteve ao meu lado nos momentos em que mais precisei, vivenciando, assim, a experiência mais inesquecível de nossa vida.

Ao meu pastor, Josué Valandro Jr., por ser meu mentor e quase pai. Por saber que meu querido pai já é falecido, o pastor Josué me protegeu desde o coma, cuidando de mim com zelo e atenção nas ocasiões mais críticas. Hoje, como conselheiro e amigo, apoia meu chamado e me ensina muito.

Aos meus irmãos, Bruno e Marcelo; à minha madrasta, Patrícia; e às minhas irmãs, Ciça e Fernanda, por todo amor incansável enquanto estive gravemente doente.

A todos os que clamaram persistentemente para que meu milagre fosse completo. Não foi fácil, não foi rápido. Mas, por fim, fomos transformados.

Sumário

Agradecimentos

A Deus, por ser o grande roteirista da minha história. Nela vemos que ele é imprevisível e fiel. Por ser assim, o Senhor conduz nossa vida e supre cada necessidade. Certamente ele me iluminou em cada frase deste livro, onde são relatadas ações sobrenaturais que, por vezes, ultrapassam nosso poder de linguagem e se traduzem no sentir do coração.

Ao meu marido e ao meu filho, por compreenderem minhas ausências durante o desenvolvimento deste conteúdo.

À minha família, por me amar e apoiar em todos os meus projetos.

Ao Cassio e à Marilisa Barbosa, amigos que me incentivaram a escrever os dois primeiros livros desta trilogia, mostrando que era possível, sim, registrar minhas experiências sobrenaturais — tanto as visíveis quanto as invisíveis — na forma de um poderoso manual de cura.

Ao editor Maurício Zágari, a quem agradeço por sua ajuda imprescindível, pela dedicação e paciência em aguardar meus textos, por vezes produzidos em prazos curtos, entre uma viagem missionária e outra. Sou grata pela harmonia gerada no Espírito e pela afinidade reconhecida enquanto trabalhamos juntos para que este livro se tornasse o instrumento de fé e milagre de que milhares de pessoas precisam.

Ao Renato Fleischner e a toda a equipe da Editora Mundo Cristão, por cuidar de cada detalhe desta obra com tamanho empenho e excelência.

À minha equipe ministerial, que intercede incansavelmente em prol de cada viagem e cada novo livro, orando para que se multipliquem os milhares de testemunhos que já recebemos — e, quem sabe, para que surjam outros grandes ministérios de cura e poder. Vocês oraram muito em favor de cada leitor que venha a tocar estas páginas, e agradeço profundamente por isso.

Apresentação

A Bíblia relata a curiosa história de um homem chamado Lázaro, amigo pessoal de Jesus. Certo dia ele fica doente, mas, mesmo sabendo dessa situação, o Mestre não se apressa para ir ao encontro do enfermo. Pelo contrário, demonstrando que tudo tem um propósito e um tempo certo para ocorrer, o Deus encarnado afirma: "Essa doença não acabará em morte; é para a glória de Deus, para que o Filho de Deus seja glorificado por meio dela" (Jo 11.4). Quando Jesus chega à cidade em que o amigo morava, recebe a má notícia: havia quatro dias que Lázaro morrera. Seu cadáver já cheirava mal. Ainda assim, o Senhor mostra que é o dono da vida e que a mesma palavra que criou o universo pode restituir o espírito a um corpo devastado. Resultado: o Filho do homem chega diante do sepulcro do amigo e, com uma única frase, devolve a vida ao morto. Ali ocorre o milagre da ressurreição, uma prova para toda a humanidade de quem Jesus é e do que ele pode fazer.

Guardadas as devidas proporções, a história de Bianca Toledo tem muitos paralelos com a de Lázaro. Assim como o irmão de Maria e Marta, Bianca viveu o drama de um súbito problema de saúde que a arrancou dos braços de seus amigos e parentes e a lançou nas fronteiras da morte. Em pouquíssimo tempo, a mulher de traços finos e elegantes adentrou um coma profundo, aprisionada num corpo devastado e deformado, sem nenhuma perspectiva de vida. Desenganada pelos médicos a cada dia de sua *via crucis* pessoal, Bianca foi mantida viva por algum desses mistérios que a medicina dos homens não sabe explicar. Mas a fé sabe.

As Escrituras contam que Jesus chorou ao tomar conhecimento da situação que a morte de Lázaro envolvia (v. 35). Do mesmo modo, é um desafio ler sobre a história de Bianca sem deixar as lágrimas descerem pelo rosto. A princípio, lágrimas de tristeza e compaixão. Por fim, lágrimas de alegria e gratidão. Este é um livro que vai conduzir você por um caminho que, a cada passo, produz um sentimento novo. É um relato que mexe com as emoções e que, seguramente, aproxima o leitor do Deus que deu sua vida por nós na cruz do Calvário.

Quem vê a pregadora e escritora Bianca Toledo hoje, uma mulher que leva o evangelho a milhares de pessoas, não consegue se negar a repetir a afirmação de Jesus: "Essa doença não acabará em morte; é para a glória de Deus, para que o Filho de Deus seja glorificado por meio dela". Pois foi exatamente isso que aconteceu. Bianca é a prova viva de que Deus opera maravilhas em nossos dias e, com isso, o nome dele segue sendo glorificado.

A história das maravilhas que Deus operou no corpo, nas emoções, na mente e na espiritualidade de Bianca desperta o leitor a uma reflexão sobre a sua própria vida. É desejo da Editora Mundo Cristão que a meditação sobre o *caso Bianca* sirva para conduzir você a um patamar mais elevado de intimidade com Cristo, a um fortalecimento na fé e a uma transformação profunda, do tipo que só o poder de Deus em ação pode realizar.

Prepare-se. Nas próximas páginas você mergulhará naquela dimensão do amor divino que vai além das letras e se manifesta de forma concreta no dia a dia de pessoas comuns. Antes de viver sua dolorosa experiência, Bianca era uma cristã como milhões de outros cristãos. Depois de estar cara a cara com a morte e voltar da linha de frente da batalha pela vida, ela passou a inspirar centenas de milhares de pessoas e se transformou em uma prova viva de que Deus jamais deixou de ser Deus — ele ainda hoje faz maravilhas e para sempre será glorificado por meio delas.

Boa leitura!

MAURÍCIO ZÁGARI
Editor

Prefácio

Às vezes, parece que Deus nos dá vislumbres do céu na terra. Sua promessa é que ali não haverá mais lágrimas nem dor. Ali ninguém sofrerá enfermidades, injustiças, mal nenhum. Quando veio ao mundo, Jesus inaugurou a plenitude do reino e, desde então, pelo poder de seu nome, podemos ser curados, milagrosamente restaurados no corpo e na alma. Foi ele quem nos ensinou a orar: "Venha o teu Reino; seja feita a tua vontade, assim na terra como no céu" (Mt 6.10).

O testemunho de Bianca me faz lembrar do céu na terra. Sua história é a comprovação de que Jesus continua fazendo milagres em nossos dias. O mesmo poder que ressuscitou Lázaro, a filha de Jairo e o filho da viúva de Naim age ainda hoje. O mesmo nome invocado por Pedro para curar o homem coxo na entrada do templo de Jerusalém levantou Bianca do leito de morte. A cura de Bianca é prova viva de que o poder de Deus manifestado no livro de Atos se faz presente em nossos dias.

Ao ver as fotos e ouvir os relatos do que Bianca enfrentou, ficamos maravilhados. Mais do que isso: somos confrontados com a possibilidade de trazer o céu à terra hoje. Somos lembrados de que cada cristão recebeu do Senhor Jesus a autoridade, em seu nome, para curar enfermos e ressuscitar mortos. Somos sacudidos do comodismo e da incredulidade. Somos desafiados a crer que mais milagres podem acontecer em nossa vida e na daqueles que estão ao nosso redor.

Mas será que estamos dispostos a orar como os irmãos e as irmãs que estiveram ao lado de Bianca naqueles angustiantes dias no hospital? Será que aceitamos o desafio de fechar os olhos para o que as circunstâncias nos dizem? Afinal, aqueles homens e mulheres tiveram a fé que não olha a aparência, que não desanima diante do diagnóstico médico: eles insistiram, crendo. A fé que ergueu Bianca enxerga Deus maior do que qualquer problema ou impossibilidade.

A cura dela também me faz lembrar do poder da oração em unidade. Não foram apenas os que a visitaram no hospital que concordaram a favor desse milagre. Eu mesma não conhecia Bianca, mas, pelas redes sociais da internet, fiquei sabendo de sua situação. Participei de uma enorme corrente de oração mobilizada na época. Assim como eu, um número incalculável de pessoas encheu os céus com clamores e intercessões. A dor de Bianca tornou-se conhecida de muitos, como um palco preparado para mostrar a gloriosa intervenção divina que estava por vir. Quando o milagre aconteceu, a alegria de sua restauração encheu o coração de uma grande multidão. A glória dada a Deus ressoou em lugares distantes. Acredito que este livro levará o relato desse milagre além, a muitos que precisam conhecer essa história maravilhosa e o Deus que opera maravilhas.

Os milagres na vida de Bianca não ficaram restritos ao CTI ou ao hospital. A história de cura continuou depois que ela voltou para casa. Desde os primeiros contatos com o filho, José Vittorio, até a belíssima história de seu casamento com o pastor Felipe Heiderich, percebemos a mão de Deus agindo para que a restauração fosse completa. Às vezes, pensamos que Deus não se importa com algum aspecto de nossa vida, mas isso não é verdade. Ele quer que sejamos prósperos em tudo — no corpo, na alma e no espírito (1Ts 5.23; 3Jo 2). E foi assim que Deus fez maravilhas, concedendo a Bianca saúde e um novo começo em todas as áreas de sua vida.

Hoje, Bianca reconhece, mais do que muitos de nós, que a vida é um dom divino. Ela se dispõe a usar seus dias para glorificar a Deus. Bianca entregou no altar os talentos, a beleza, a inteligência, o carisma, a experiência de vida e quase morte, os fracassos e as vitórias — tudo para a glória de Deus. Essa "Lázaro" contemporânea se comprometeu a ir aonde quer que o Senhor a envie, a fim de compartilhar seu testemunho e conduzir muitos a Cristo. Em suas viagens pelo Brasil e mundo afora, ela tem sido canal de milagres surpreendentes. Mas, com sabedoria, Bianca nos ensina mais do que a possibilidade de vivermos os milagres por intermédio do poder de Jesus. Ela fala, principalmente, sobre a importância de conhecer o Deus que realiza os milagres. Em um mundo tão banal, marcado pela busca do prazer e da satisfação imediata, Bianca atrai multidões necessitadas de uma solução para seus muitos problemas. Um milagre certamente interessa a muitos. Mas o mais enfatizado de todos os milagres é aquele mencionado também por Jesus: "Contudo, alegrem-se, não porque os espíritos se submetem a vocês, mas porque seus nomes estão escritos nos céus" (Lc 10.20).

Que mais e mais portas se abram para Bianca passar. Que muitos milagres aconteçam quando a unção de cura jorrar de sua história, suas palavras e sua presença. Que mais e mais vidas sejam restauradas por completo, assim como Bianca recebeu a chance de um recomeço. Que o Deus que a levantou dentre os mortos seja conhecido e amado por aqueles que não apenas entendem o valor de uma cura, mas compreendem quão valioso é um relacionamento com o autor de todas as bênçãos.

ANA PAULA VALADÃO BESSA
Pastora da Igreja Batista da Lagoinha, em Belo Horizonte (MG),
líder do ministério de louvor Diante do Trono

Uma palavra inicial

Tive a chance de experimentar o sofrimento em níveis inimagináveis, em todas as áreas da minha vida. É quase inacreditável, mas hoje estou aqui para narrar essa história. Vejo que o caminho que me conduziu ao vale também me levou aos pastos verdejantes, graças ao poder sobrenatural de Deus, que se fez farol e iluminou o meu caminho. Esse mesmo poder se manifesta a muitas pessoas que se encontram paralisadas em uma vida sem fé nem esperança, apática e espiritualmente falida.

Nascemos em um mundo mau, necessitados do milagre da salvação, e crescemos lutando contra tendências egoístas. Carregamos um impulso de maldade que somente se desfaz no encontro com o Eterno, quando a bondade divina nos impele a ser indivíduos melhores. Com algumas pessoas isso acontece naturalmente; com outras, por meio de experiências difíceis. Estamos sujeitos diariamente a uma pressão que tenta nos moldar à degradação crescente da qual é feita nossa cultura, com sua mentalidade sombria e enferma. Nesse contexto, o maior milagre que existe é o resgate da pureza de um coração no qual Deus habite.

Em algum momento de nossa trajetória, todos precisamos de socorro. Nessas horas, as limitações nos levam a descobrir o poder criador de todas as coisas, a mais gloriosa riqueza que alguém pode encontrar — prova de que o Senhor existe e faz milagres em nossos dias. Este livro fala de todas as esferas da vida em que clamamos pelo sobrenatural, para que vivamos a plenitude de Deus nas áreas física, emocional, familiar ou espiritual.

A Bíblia conta uma história extraordinária, sobre um homem que viveu milênios atrás e passou por uma transformação extrema. O livro de Jó apresenta o relato do sofrimento e da restauração desse patriarca rico e próspero, que viu, do dia para a noite, sua vida dar uma reviravolta total. O texto sagrado conta que, embora vivesse de forma íntegra e reta, esse homem tinha um conhecimento limitado a respeito de Deus. Pai de sete filhos e três filhas, dono de rebanhos numerosos e senhor de muitos empregados, tinha uma vida confortável.

Até que chegou um dia...

De repente, Deus permitiu que sobre ele viesse a assolação. Jó perdeu os filhos, os bens e a saúde. Foi ao fundo do poço, teve de enfrentar a acusação dos amigos e a rejeição da própria esposa. Depois de uma *via crucis* longa e dolorosa, que o levou a momentos de desespero e abatimento de alma, Jó foi abençoado pelo Todo-poderoso. Seu segundo estado revelou-se ainda melhor do que o primeiro: o Senhor restaurou seu corpo, deu-lhe novos filhos e lhe restituiu os bens materiais outrora perdidos.

Uma visão superficial pode nos levar a crer que Jó retornou à situação inicial. Mas não. Ele agora tinha algo que antes não possuía: "Meus ouvidos já tinham ouvido a teu respeito, mas agora os meus olhos te viram" (Jó 42.5). Isso fala de intimidade. O milagre divino na vida de Jó foi pleno: Deus promoveu cura física, interferiu na situação de vida desse patriarca e, mais importante de tudo, o elevou a um novo e surpreendente nível de proximidade e de relacionamento com o próprio Deus. Jó viveu a história de um milagre que abarcou muitas áreas de sua vida. E eu também.

O que o Senhor realizou em minha vida foi muito semelhante ao que fez na daquele homem. Também tive o meu "Até que chegou um dia...", que mudou tudo. Tudo. Transformou minha vida por completo e revelou-me um Deus que age de maneiras que antes eu só conhecia de ouvir falar. Hoje, tendo passado por tudo o que relatarei neste livro, meu olhos o veem. E o que vejo é lindo. É um milagre. É esperança. É transformação. É alegria que brota da dor. Em suma, é graça. Sei que tudo o que enfrentei tem como finalidade a glorificação do nome de Cristo e a edificação de muitas vidas.

Ao longo das próximas páginas, você lerá o relato da absoluta e total transformação pela qual passei após enfrentar um longo e doloroso processo. Adoeci fisicamente para, depois, ser curada em todas as áreas da minha vida. Meu objetivo ao contar essa história é que você veja como Deus pode operar em nossa vida e fazer do impossível possível. Este livro narra a tragédia que enfrentei para ser totalmente transformada, deixando de ser uma mulher cheia de problemas e carências para me tornar a prova viva daquilo que Deus realiza. Essa é a razão de eu contar minha história, para que você veja quem o Senhor é e o que faz e para que perceba que o que ele realizou na minha trajetória pode realizar também na sua. Peço a Deus que você, ao ler meu testemunho de vida, tenha a certeza de que, em Cristo, o fim não é o fim, é sempre um novo começo.

1

Antes da dor

A esperança que se retarda deixa o coração doente,
mas o anseio satisfeito é árvore de vida.

Provérbios 13.12

Muitas pessoas crescem em lares desfeitos e colecionam ausências e conflitos que as distanciam cada vez mais da perfeita vontade de Deus. Comigo não foi diferente. Sofri com o divórcio dos meus pais logo aos 3 anos e não tive uma figura paterna durante o desenvolvimento da minha personalidade. Cresci insegura, compulsiva e carente e tive de enfrentar as consequências disso. Dificuldades emocionais são construídas no decorrer da nossa vida por meio de experiências marcantes, que impregnam nossos pensamentos e vontades. E, mesmo depois de um encontro com Deus, por vezes nos vemos reféns de impulsos contrários à nossa fé ou aos nossos princípios. Nesses momentos, percebemos que não estamos contribuindo para nossa felicidade. Precisamos de um milagre do tipo que chamo de *milagres invisíveis* — aqueles que só você e Deus sabem quais são. E, muitas vezes, só o Senhor sabe. Apenas sentimos que estamos desordenados e precisamos de ajuda. Esteja certo de que essa ajuda é possível e ela virá do céu.

Nascida em um lar sem religião, colecionei marcas de abandono, abusos, vícios e injustiça por toda a infância e a adolescência. Eu me expus a grandes perigos por conta da autossuficiência e da ausência de limites. Como não me sentia amada nem protegida, desenvolvi uma personalidade intolerante, depressiva e muito individualista. Antes dos 15 anos já experimentara drogas e relacionamentos sexuais sem compromisso, e passara até por um início de coma alcoólico devido ao consumo excessivo de bebidas. Vivia sempre com muita raiva. Chamo isso de *ira reprimida*, um sentimento bem conhecido por pessoas que sofrem abusos.

Fui uma adolescente cheia de defesas, com problemas de autoestima, autodestrutiva, depressiva e com dificuldades de relacionamento. Eu tinha traumas emocionais graves, sofria de transtornos obsessivo-compulsivos e depressão. Sentia um ódio profundo de mim mesma e chegara à conclusão que não merecia ser feliz. Em meio às minhas crises existenciais, escolhi amainar as angústias que sentia na alma me entregando à comida. Alimentos nada saudáveis tornaram-se meus melhores amigos, e, naturalmente, essa relação não me trouxe muitos benefícios. Minha autoestima era baixa demais e eu me punia pelos desajustes que via em casa. Acabei desenvolvendo obesidade crônica e era perseguida por pensamentos de morte. Eu realmente não achava que havia algum futuro para mim, queria apenas deixar o presente e o passado o mais longe possível, apesar de não saber como fazer isso. Era tímida, insegura, inconstante, não estudava e não conseguia me concentrar em nada. Apenas existia.

Foi então que conheci Jesus de Nazaré.

Eu tinha 16 anos quando comecei minha caminhada no evangelho, em Araçatuba (SP). A convite de meu pai, fui à igreja pela primeira vez e lá ouvi dizer que Jesus fazia milagres. Minha fé imediatamente tornou-se intensa, mas comecei meu relacionamento com o Senhor cheia de traumas e muitas sequelas — marcas da infância difícil. Até então nunca tinha sonhado em ser nada, não tinha nenhuma visão de futuro e só pensava em fugir do presente que me torturava.

Minhas primeiras experiências com Deus foram um manancial em meio a um terrível deserto. Descobri um amor sem interesses, acusações ou mentiras. Encontrei a salvação e a esperança de ser poderosamente transformada. Gradativamente, o poder da fé mudou minha visão de mim mesma. Já não era tão ruim ser quem eu era. Deus removeu o medo do meu coração e comecei a crer que ele me amava como eu era, embora ele me dissesse que era preciso mudar. Com seu amor novo, puro, forte e maduro, Cristo me prometia que jamais me abandonaria. Esse amor aos poucos passou a me proteger e transformar, na medida em que me explicava por que tudo aquilo estava acontecendo. Deus conhecia meu futuro e aos poucos me ensinava a sonhar com o que ele tinha preparado para mim.

Encontrei em Jesus um amor que não existe em lugar nenhum. O amor divino me refez, reprogramou, mudou meu olhar e me mostrou o melhor de mim quando Cristo me aceitou como eu estava e me preencheu. Vivi intensamente aquilo que a Bíblia chama de *metanoia*, a renovação da mente sobre a qual Paulo escreveu: "Não se amoldem ao padrão deste mundo, mas transformem-se pela renovação da sua mente, para que sejam capazes de experimentar e comprovar a boa, agradável e perfeita vontade de Deus" (Rm 12.2). Ser alcançada pela graça da cruz mudou para sempre o meu destino.

Logo nos primeiros dias de convertida, decidi mergulhar na Palavra de Deus, pois me disseram que tudo o que eu precisava saber estava ali, na Bíblia. Naquela ocasião, o Espírito Santo começou a me fazer entender o que Deus pensava de mim, com base na realidade de que ele me criara à sua imagem e conforme sua semelhança (Gn 1.26). Essa percepção não me permitia continuar como estava. A partir do momento em que me justificou, Deus caminhou comigo em todos os instantes da minha vida, revelando-se a cada passo. Isso foi libertador, pois descobri que eu não estava mais só, que minha vida tinha significado e que eu tinha uma missão a cumprir.

Desde criança tive uma veia musical muito forte: tocava piano e violão, cantava e escrevia canções. Mas todos aqueles meus complexos não permitiam que eu me relacionasse e me expusesse; por isso, a minha musicalidade ficava bem escondida entre quatro paredes. Com 18 anos, mudei-me de Araçatuba, onde fui morar com meu pai quando me converti, para São Paulo, a fim de estudar psicologia. Acabei trocando de curso e decidi estudar música — uma escolha diretamente ligada ao meu crescimento espiritual, pois sentia que precisava me aperfeiçoar nos talentos que me permitiriam comunicar a verdade que estava me transformando. Eu me tornei cantora de ópera; fiz outra faculdade, de canto popular; e me especializei em *jazz* e música popular brasileira. Tornei-me compositora e estudei musicoterapia.

Na medida em que eu descobria as riquezas do reino de Deus e as formas pelas quais eu podia comunicá-las, maior era meu desejo de promover — por meio da poesia, da música e de toda forma de arte e comunicação em que eu pudesse me envolver — o que crescia em meu coração. Descobri, então, que meu talento musical não era um peso, mas um presente. Era um veículo da verdade. Era pela música que podia comunicar o amor que excede todo o entendimento. Por isso, naquela época, eu me envolvi no ministério de louvor e adoração. Descobri que finalmente tinha motivos para cantar e usar o dom que recebera desde criança. Por muitos anos persegui a cura das minhas emoções e a reconfiguração da minha mente e, por isso, frequentava todos os cultos e congressos de cura das emoções em minha igreja. Paulatinamente, eu começava a superar minhas enormes dificuldades de relacionamento.

Descobri que a chave para o meu progresso era o hábito de confessar minhas falhas a conselheiros que me amavam e pedir ajuda sempre que necessário. Deixei de guardar segredos, pois estava comprometida com o futuro que o Senhor revelava ter para mim. Eu lia a Bíblia diariamente e comecei a ter experiências com Deus. Quando completei 21 anos, meu pai faleceu, vítima de um infarto, e tive de morar sozinha. Logo me tornei evangelista e passei a compor a liderança da igreja. Aprendi a amar a família de fé e desejava ser útil em qualquer departamento onde precisassem de mim.

Em 2001, incentivada por meus pastores, comecei a participar de programas de televisão e assim tive a oportunidade de influenciar e atrair muitas pessoas a Deus. Na época, o programa de calouros de maior audiência na televisão brasileira era o do apresentador Raul Gil, e meu pastor me pediu que eu fosse até lá. Um grande amigo meu era também amigo pessoal do Raul e agendou um teste para mim. Apesar de eu estudar música, todo o meu estudo era dedicado a servir a Deus. Eu já era evangelista, líder de célula, fazia parte de uma escola de líderes. Meu repertório era todo cristão e eu não sabia o que fazer naquele programa, porque ali não se podia cantar música evangélica.

Escolhi uma música romântica, de Whitney Houston, chamada *I will always love you* [Eu sempre te amarei] e disse a Deus que poderia cantar aquela música para ele. Fiquei muito incomodada por cantar aquela música, mas percebi que, onde eu estivesse, Deus estaria comigo e santificaria as canções porque a porta não tinha sido aberta para mim, mas para que o evangelho do reino fosse proclamado por meu intermédio.

No primeiro dia em que me apresentei, muito tímida, cantei durante boa parte do tempo de olhos fechados e a mão levantada. Dentro de mim eu estava face a face com o Senhor. A glória de Deus encheu aquele lugar de modo tão sobrenatural que, quando abri os olhos, a plateia e o júri estavam de pé. Aquelas pessoas não estavam aplaudindo uma artista. Elas não sabiam, mas estavam glorificando a Deus.

Quando saí do palco, o cantor Chris Duran saiu correndo atrás de mim, perguntando se eu era evangélica. Eu disse que sim, e ele afirmou que tivera uma experiência com Deus enquanto eu cantava. "Eu via anjos", disse-me ele. Fazia pouco tempo que ele ia à igreja. Então me pediu: "Deixa eu ser seu amigo, vamos nos falar". Fiquei impactada com o movimento espiritual que envolvia minha visita àquele canal de televisão. Chris foi à igreja comigo e nos tornamos amigos.

Comecei a estudar letras de músicas, para descobrir o que cantaria naquele lugar, concorrendo com cantores profissionais. Inexplicavelmente, permaneci no programa durante um ano, escolhendo canções que diziam coisas como "Eu sei que vou te amar, por toda a minha vida eu vou te amar...". E, em pensamento, eu dizia "É para ti, Jesus". Passei a gravar CDs. Conheci muitos artistas e pessoas importantes, em paralelo ao trabalho que sempre desenvolvi na igreja local. A experiência na televisão fortaleceu minha segurança para lidar com o público, mas fiquei muito assustada com a fama repentina.

Apesar dos holofotes que subitamente se voltaram para mim, meu foco sempre foi anunciar o evangelho que mudara minha vida. Eu tinha estratégias de evangelismo e, sempre que alguém vinha me falar algo, eu dava o endereço da minha igreja na internet e vinculava a pessoa a um grupo familiar. Aqueles indivíduos, que achavam que eram fãs, se tornaram discípulos. Hoje, muitos deles se tornaram pastores, missionários, homens e mulheres de Deus. Eles não sabiam o que procuravam, mas foram encontrados.

Naquela mesma época, comecei a escrever canções de cunho cristão e a desenvolver o ministério de evangelismo por meio da música. A vida tornou-se uma correria. Eu estava envolvida em muitos projetos, totalmente imersa na minha carreira profissional e no ministério de louvor. Eu já estava vivendo milagres, mas não imaginaria que os grandes milagres ainda estavam por vir. E, rumo ao pleno propósito de Deus para minha vida, eu viveria algo trágico e absolutamente sobrenatural.

Embora estivesse realizada nessas áreas da minha vida, eu nutria em meu coração um desejo secreto pela maternidade. Sim, eu tinha o mesmo sonho que Ana, mulher de Elcana: ser mãe. E eu enfrentava o mesmo problema descrito na história dessa grande mulher (1Sm 1—2), a saber, a impossibilidade de gerar uma vida em meu ventre. Na adolescência, sofri de endometriose, condição que me impediria de engravidar, segundo os médicos me disseram quando completei 17 anos. Mas, como aquele era o desejo de uma vida inteira e meu maior sonho, não deixei que as negativas da ciência abalassem a fé em que Deus pode fazer da estéril mãe de filhos.

Havia anos que eu estava comprometida com a vida ministerial quando comecei a trabalhar com *marketing*. As aulas de música não me sustentavam financeiramente e resolvi aplicar meus conhecimentos de liderança na vida empresarial. Tive um sucesso surpreendente na área profissional, mas a correria da cidade grande e as demandas da carreira esfriaram meu relacionamento com Deus.

Minhas orações já não eram tão frequentes e meus objetivos passaram a ser outros. Eu estava em uma metrópole e, agora, passava os dias falando em milhões de dólares, alcançando metas de divisão de lucros na empresa multinacional onde trabalhava.

Sem que eu percebesse, entrei em um ciclo de ambição no qual perdi minha bússola e me afastei do propósito para o qual fora salva e liberta de tantos males. As decepções com amigos da igreja também começaram a roubar meu entusiasmo de servir a Deus e, dia após dia, eu me tornava uma presa fácil para qualquer ação contrária que pretendesse me tirar do centro da vontade do Senhor. Eu não percebia, mas estava cada dia mais carente e sozinha, visto que meus relacionamentos eram todos profissionais.

Longe dos conselhos que tanto me ajudaram, comecei a tomar minhas decisões sozinha. Passei a achar que podia resolver minha vida como quisesse e que minha compreensão de quem Deus era me bastava. Meu temor ao Senhor não era mais o mesmo e minha consciência estava cauterizada.

Foi quando me submeti a uma cirurgia de redução do estômago. Emagreci, mas descobri que eu era refém da ansiedade, e isso não tinha nada a ver com comida. Eu precisava vencer esse mal e somente conseguiria com a ajuda de Deus. Percebi que ser bonita me gerava culpa e me fazia lembrar que, se eu chamasse atenção, alguém poderia me fazer mal. Na verdade, a sombra desses sentimentos me mostrava que, para poder prosseguir, era necessário perdoar quem havia me ferido na infância. Minhas orações estavam enfraquecidas, mas, ainda assim, comecei a clamar a Deus por ajuda. Pedi que me ajudasse a voltar ao lugar de onde eu tinha saído.

Eu achava que já estava velha para me casar e isso me preocupava. Depois de passar por decepções amorosas, acabei me fragilizando e me tornando mais carente ainda. Hoje concluo que a carência precisa ser curada quanto antes, pois muitas pessoas erram por não conhecer com profundidade o amor de Deus. Certo dia, amigos da igreja me convidaram para uma festa de aniversário. Aceitei e fui ao encontro deles. Era um jantar de amigos e pastores, onde me apresentaram a um rapaz que dizia ser empresário do ramo de televisão. Ele se aproximou de uma maneira diferente: anotou meu número de telefone e, dois dias depois, me procurou falando de seu sonho pastoral e do desejo de ter uma família. Ao final, me pediu em casamento, algo que até então eu, aos 29 anos, nunca experimentara.

Parecia um sonho. Eu aceitei de imediato a proposta e, em dois meses, estávamos noivos. Quatro meses depois, estávamos no altar: dois estranhos, carentes, assumindo um compromisso diante de Deus. No fundo eu sentia que não estava em paz, mas, ao mesmo tempo, a impulsividade me fazia avançar. Eu me vi refém de minha carência e pequei pela pressa, semeando um sofrimento desnecessário por não querer ficar sozinha. A verdade é que, sem conhecê-lo e envolvida pela sensação de ser amada por alguém que disse querer formar uma família comigo, casei-me em menos de seis meses. Como estava perto dos 30 anos, decidi que tinha de aproveitar aquela chance, mesmo contrariando a opinião de toda a minha família. Minha decisão selou o início de uma série de problemas graves que poderiam ter sido evitados.

O fato é que, carente, eu não queria mais viver só. Não queria ser solteirona, ansiava por ser uma mulher casada e, logo, fiz tudo da forma errada. Com base na autossuficiência que adquiri por medo de confiar nas pessoas, tomei a desastrosa decisão de me casar por motivos equivocados. Logo na lua de mel vi que não tínhamos compatibilidade nenhuma, mas eu não poderia retroceder. Agora eu teria de pagar por minhas escolhas, mas o preço se tornou alto demais.

Sofri muito, porque éramos dois estranhos, com personalidades totalmente incompatíveis e visões ministeriais desalinhadas. E, ainda assim, eu me submetia e tentava agradar a Deus buscando recursos para consertar meu erro. Congressos de casais, igrejas, cultos, cursos, aconselhamentos... Comecei a implorar a Deus por mudanças. Porém, daquela vez não dependia só de mim, e descobri que não temos a capacidade de mudar ninguém, a não ser nós mesmos. Em menos de dois anos, eu e meu marido nos separamos duas vezes, e vivi cenas semelhantes às da minha infância, que acreditava nunca mais ter de viver. Eu estava sendo novamente manipulada, refém de uma má escolha. Minha carência havia me colocado em uma situação de falta de fé e perspectiva, e me vi envolta em vergonha, abuso e raiva. Mas, por amor a Deus, eu não abriria mão do meu casamento, embora clamasse por socorro.

Decidi focar minhas energias no Senhor e voltei a atuar no ministério e na liderança de mulheres. Eu vivia pela fé e direcionava meus olhos para o milagre que queria vivenciar: a maternidade. Entre idas e vindas, eu clamava por um filho para me consolar, mas sabia que a ciência já tinha me desenganado, por causa da endometriose. Passei a clamar ao Senhor, sabendo que "nada é impossível para Deus" (Lc 1.37). Começou uma difícil sequência de tentativas frustradas e de sintomas que acendiam a esperança, mas, no final, se mostravam falsos. A angústia crescia e a frustração tornava-se uma companheira inseparável; contudo, eu jamais deixei de desejar a maternidade e ter fé que o Deus que abriu o mar Vermelho e parou o Sol poderia operar aquele milagre em minha vida. Mal sabia eu que milagres ainda maiores me aguardavam.

Sempre que alguém falava sobre maternidade e toda vez que eu ouvia um testemunho de cura da esterilidade, o desejo de gerar uma vida ardia em meu coração. Porém, eu mantinha esse anseio em segredo, e não tocava no assunto com ninguém. Considerava esta uma questão entre mim e Deus. Até que comecei a ver sinais de que a mão do Senhor estava se movendo em direção ao milagre. Certo dia eu estava em um culto, quando uma intercessora da igreja veio a mim e disse: "Querida, o Senhor está tocando seu ventre e abrindo sua madre. Ele alegrará sua casa e lhe dará um filho". Na mesma semana, em ocasiões diferentes, três pessoas me disseram a mesma coisa. Parecia ser uma mensagem de Deus ao meu coração e uma resposta às minhas orações. Eu exultava. Comecei a ver dias de muita alegria pela frente, sem saber que, de fato, Deus faria o milagre — não apenas o do fim da esterilidade, mas o da total transformação de minha vida, o de uma cura espetacular, o de uma reviravolta absoluta em meu ministério... Eu não fazia ideia das dimensões do que viria pela frente.

Esperançosa, rapidamente organizei toda a minha vida para a chegada do milagre. Mês após mês, eu vivia de ansiedade e, então, a expectativa era frustrada. Até que, cerca de quinze meses após aquela irmã me entregar a palavra de conhecimento, tive um sonho. Confesso que, como acontece com muitos de nós, eu já não me lembrava mais com tanta frequência daquela promessa. Já estava começando uma nova faculdade, agora de publicidade, e fazendo outros planos. No sonho, eu estava ovulando e havia sinais específicos e físicos dessa realidade. Quando acordei, percebi que não se tratava de um sonho comum, e o mantive em segredo no meu coração. Não precisei aguardar muito.

Uma semana depois, senti algum mal-estar e percebi que os sinais eram exatamente como os daquele sonho. Eu estava revivendo toda a cena, mas me contive e pensei: "Não vou comentar nada com ninguém, tampouco criar expectativas. Já tive tantos sintomas falsos, e sempre deixei todo mundo alarmado. Desta vez vou me calar". Mais quinze dias se passaram e os sintomas não sumiam. Tudo indicava que daquela vez seria diferente — e eu estava cada dia mais feliz. Na verdade, *feliz* é pouco para explicar como eu me encontrava naquela época. Atrevo-me a dizer que estava em estado de graça. Eu me sentia plena.

Sem que ninguém soubesse, agendei os exames de sangue que me dariam a resposta definitiva. Cheguei ao laboratório antes mesmo que abrisse e fiquei dentro do carro, esperando, sozinha. Minha mente, naquele momento, era um turbilhão de pensamentos, e meu coração, uma avalanche de emoções. Tudo o que eu vivera até então passava pela minha cabeça, assim como meus projetos para o futuro. Assim que o laboratório abriu, entrei e fiz os procedimentos, extremamente ansiosa. A enfermeira que coletou meu sangue disse que o resultado estaria disponível em trinta minutos. Foi a meia hora mais longa da minha vida!

Enfim, chamaram meu nome. Eu me sentia como alguém à espera de receber um prêmio, em um misto de sentimentos e pensamentos. Eufórica, levantei-me e peguei o envelope. Enquanto rasgava a lateral, lembrei-me de quantas vezes já havia feito aquele mesmo gesto, seguido da decepção de ver escrita aquela palavra triste e decepcionante: *Negativo*. Por um instante, hesitei. O texto do documento começava igual aos que vira antes. Tremi. Prossegui na leitura. E, lá no final, estava ela, a palavra que mudaria tudo: *Positivo*.

Meu coração disparou. Eu chorava e sorria ao mesmo tempo. O milagre tinha acontecido. O que os médicos disseram ser impossível se tornara uma realidade. Eu estava grávida.

Meu marido estava viajando e seu aniversário estava próximo. Por isso, decidi fazer uma surpresa e fui direto para a casa da minha mãe, Regina Flora, para lhe dar a notícia. Assim que a encontrei, não resisti e derramei muitas lágrimas, junto com anos de ansiedade, tristeza, dúvidas e frustrações. Mas, agora, elas significavam algo diferente: vitória! Milagre! Graça! Dei a notícia aos prantos, porque eu ainda não acreditava que meu maior sonho havia se realizado. Eu era mãe!

Foram dias de leveza e intensa alegria. Naquela época, passei a viver na certeza de que tudo ficaria bem, de que agora tudo seria felicidade e paz. Mal sabia eu da tempestade que em breve devastaria minha vida e transformaria tudo. Com oito semanas de gestação, fiz um exame que revelou o sexo do bebê e descobri que seria um menino. Aos poucos, detalhes daquela pessoinha tão esperada se descortinavam aos meus olhos, a cada exame, a cada ultrassonografia. Eu criava um cenário fantasioso em minha mente, idealizava como seria o parto, os primeiros dias, os primeiros meses. Como toda mãe, vivia na expectativa do que viria, como se eu tivesse controle sobre as circunstâncias da vida. Hoje, olhando para trás, vejo como é verdadeira a passagem bíblica que diz "Ao homem pertencem os planos do coração, mas do Senhor vem a resposta da língua" (Pv 16.1): nós podemos planejar, mas, no fim, somente Deus é quem decide, em sua soberania, o que acontecerá.

Meu estado de saúde era excelente e nada indicava que poderia haver qualquer complicação médica adiante. Apesar de ter me submetido a uma cirurgia bariátrica para controle da obesidade anos antes, eu tinha um ganho de peso normal e uma vitalidade incrível. Estava bem disposta fisicamente, embora, naquela época, eu praticamente não tivesse vida conjugal nem um casamento feliz. Mas a minha alegria por estar grávida era tanta que, durante a gestação, eu e meu marido nos separamos, mas não deixei de agradecer por ter um bebê dentro de mim. Não perdi a alegria de receber meu melhor presente: meu sonho, meu filho.

Aguentar uma gestação sozinha não é fácil. Todos os dias eu tinha novidades e alegrias para compartilhar, mas estava muito solitária. Logo no início da gravidez, mudei-me para o Rio de Janeiro, a convite da empresa multinacional na qual eu trabalhava como gerente sênior de *marketing*. A sede nacional dessa empresa ficava na capital fluminense e a proposta era irrecusável. Grávida e com muitos conflitos no casamento, percebi que, se eu não aceitasse a proposta, passaria grande necessidade. Vi no convite a chance de preparar um futuro para meu filho, por isso fiz a mudança em duas semanas. Não conhecia ninguém na cidade. Eu estava em uma terra estranha, sem família e sem amigos — e minha barriga crescia dia após dia.

Durante todo o período de gravidez, cuidei dos mínimos detalhes para a chegada do meu filhinho. Li todos os livros que pude sobre gestação, nascimento, amamentação e desenvolvimento de um bebê. Tudo era novidade, pois eu nunca havia cuidado de um neném, mas, curiosamente, quase todas as noites sonhava estar amamentando. Escolhi com todo o amor os detalhes do enxoval e fiz pessoalmente a pintura do quarto e a colocação do papel de parede.

Ao final da gestação, o pai do bebê se aproximou para me apoiar e, por um instante, alimentei a fantasia de ver meu sonho familiar realizado. Mas vi que o quadro que me insultava era o mesmo. Tínhamos problemas quase intransponíveis, e o que antes era ruim agora estava pior. Minha tristeza e decepção eram quase insuportáveis. Eu estava com oito meses de gestação e, em minha memória, relembrava cada uma das minhas experiências com Deus e tantas histórias ministeriais. Como eu tinha chegado àquele estado de miséria emocional tão grande? Por mais de dez anos me guardara na igreja, sonhando com uma família feliz e, de repente, permiti que a carência me desse um golpe quase mortal. Eu definitivamente não vivi o que sonhei, provavelmente porque não agi conforme o que sonhava, mas conforme o que sentia.

No último mês de gestação escolhemos o nome do nosso filho: José Vittorio. Fiz a plaquinha para a porta do seu quarto e, com bastante antecedência, lavei e passei todas as suas roupinhas, embaladas por tamanho. Também já deixei pronta a malinha que levaria para a maternidade, onde esperava ficar algo em torno de dois dias após o parto. Tudo isso mostra o tamanho da minha ansiedade e das expectativas que eu nutria quanto ao meu tão esperado filhinho, expectativas essas que fazia questão de compartilhar com quem eu amava. Naquele período, um de meus irmãos, Bruno, me telefonou de Araçatuba para dar os parabéns. “Vittorio é herança de Deus e tudo vai correr bem”, disse ele. Escutei emocionada e respondi com voz embargada. Não sabíamos, mas só depois de muitos meses Bruno e eu teríamos uma nova conversa. Eu vivia momentos de imensa alegria, de uma incomparável felicidade, de gratidão a Deus por tudo estar acontecendo de modo tão perfeito.

Até que chegou um dia...

Quando se completaram 36 semanas de gestação, minha mãe ligou dizendo que viajaria ao Rio de Janeiro para me ajudar no que seriam as últimas duas semanas antes do parto. Com muita alegria, preparei uma festa para recebê-la, só para nós duas. Eu queria poder compartilhar com alguém tudo que vivia, mas... não podia. Era quarta-feira, 6 de outubro de 2010. Naquela noite, meu coração chorava, e decidi escrever uma carta para Deus. Nela, eu dizia:

> Pai, meu Aba, estou novamente em uma situação terrível de abuso e não posso culpá-lo. Agi conforme meus impulsos e estou arrependida. Não tenho mais forças e não sei o que fazer. Só o Senhor sabe o que tenho vivido. Amo-te com todo o meu coração e estou disposta a amá-lo mais do que tudo. Nunca me esqueci de nenhuma das tuas promessas. Não me esqueci de nenhuma das visões que me deste e de nenhum dos momentos que passamos juntos. De quantas vidas já cuidei e ensinei a te amar! Sinto muito por ter sido dominada pela carência e pela impulsividade. Ajuda-me! Como vim parar no fundo deste poço, neste tão sombrio vale? Só posso pedir: socorre-me! Faze o que for preciso, mas me leva de volta ao centro da tua vontade.
>
> De sua filha, Bianca

Eu não sabia, mas Deus leria a minha carta e começaria um duro trabalho que me permitiria perder tudo até que, vazia, eu o encontrasse. No dia seguinte, acordei com fortes dores no abdômen. Lembro-me de ter pensado: "Meu Deus, o Senhor é muito bom, fez minha mãe chegar logo porque o meu filho vai nascer mais cedo!". Fomos às pressas para a maternidade, porque a dor estava aumentando, tornando-se praticamente insuportável. Dei entrada e a equipe médica começou a realizar os exames necessários. Foi quando veio o susto.

Para minha surpresa, os médicos disseram que eu não estava em trabalho de parto. A minha dor tinha outro motivo e não parecia ser nada bom. Foi quando comecei a sentir enjoos e a vomitar. Quase não acreditei quando vi o que saía de dentro de mim: litros e litros de um líquido escuro, parecido com sangue, mas com um cheiro muito forte. Meu coração acelerou e percebi que algo não estava bem. Vivi uma mistura de sentimentos, pela incerteza do que estava acontecendo naquele instante que eu tinha idealizado de forma completamente diferente. Era para eu estar alegre, eufórica, sorridente. Mas não. Ali estava eu, passando muito mal e com grandes pontos de interrogação com relação a tudo o que ocorria.

Apreensiva, comecei a enviar mensagens para amigas da igreja. Pedi que orassem por mim e por meu filho e que avisassem os pastores. Também publiquei uma mensagem no *site* de relacionamentos Twitter, pedindo orações. "Continuo internada. Orem por mim", escrevi. Meus conhecidos e até mesmo amigos de outros estados começaram a perceber que algo havia acontecido, o que automaticamente desencadeou uma grande corrente de intercessão por mim e pelo bebê. Fui transferida para um hospital mais bem equipado, o Hospital Pasteur, e lá começaram a realizar novos exames. A dor não diminuía e os vômitos não paravam. Angústia. Insegurança. Incertezas. Medo.

Ninguém tinha uma resposta. A medicina humana parecia limitada. A única certeza era que algo não estava nada bem. Vivi quatro dias de apreensão e sofrimento, até que a equipe médica decidiu que o melhor seria realizar uma cesariana para que o bebê nascesse antes de alguma complicação maior. Lembro-me de que o obstetra entrou no quarto e disse: "Mãe, seu bebê vai nascer agora. Daqui a pouco eu venho buscá-la".

Essas são minhas últimas lembranças.

2

O VALE DE TREVAS E MORTE

Mesmo quando eu andar por um vale de trevas e morte, não temerei perigo algum, pois tu estás comigo; a tua vara e o teu cajado me protegem.

Salmos 23.4

Minha expectativa havia sido frustrada. Meus planos desceram por água abaixo. Nada do que eu idealizara para o parto de José Vittorio aconteceu. Aquela situação mostrou que ao homem só cabe se submeter à vontade de Deus, que é o verdadeiro Senhor de nossa história. "'Os meus pensamentos não são os pensamentos de vocês, nem os seus caminhos são os meus caminhos', declara o SENHOR. 'Assim como os céus são mais altos do que a terra, também os meus caminhos são mais altos do que os seus caminhos, e os meus pensamentos, mais altos do que os seus pensamentos [...]'" (Is 55.8-9). Naquele dia, eu vivi essa passagem bíblica de forma intensa e implacável.

O momento tão esperado foi marcado pela dor. Vivi imersa em trevas o dia da festa, da alegria, da emoção mais forte de toda a minha trajetória, pois, em razão dos vômitos, tive de ser entubada na hora do parto e estava inconsciente quando meu filho nasceu. Não pude colocá-lo em meu peito, nem ouvir o seu choro. Não me foi permitido lhe dar as boas-vindas, nem abençoar sua chegada. Não consegui saber com quem se parecia. Assim que retornei para o quarto, após o fim do procedimento, recobrei a consciência por algum tempo. Incapacitada de falar, só consegui escrever em um caderno, para a minha mãe: "Mãe, como ele é? Com quem se parece? Por favor, peça que o médico venha me ver e me dê algum remédio. Não aguento mais essa dor. Ela é forte demais".

Assim que terminei de escrever, meu organismo entrou em choque. Os sinais vitais se alteraram violentamente e a equipe médica teve de me levar de volta para a sala de cirurgia, às pressas. Apesar dos riscos, foi necessário fazer uma nova intervenção cirúrgica, para verificar o que havia acontecido. Voltei para a mesa de operações e, após algumas horas, veio a notícia que ninguém esperava: minha vida estava por um fio.

Era 11 de outubro de 2010. O médico que me atendeu, dr. Rômulo Coelho, estava em casa e foi chamado às pressas para realizar a cirurgia de emergência. Prontamente ele acionou o anestesista e toda a equipe para tentar resolver a situação, considerada crítica. Quando o dr. Rômulo chegou, já me encontrou inconsciente, no respirador, em estado clínico gravíssimo e submetida a medicamentos para a manutenção dos sinais vitais. Toda a minha família estava muito apreensiva, ansiosa e solicitava informações detalhadas sobre o caso. Embora houvesse algumas hipóteses (como úlcera e apendicite), o meu quadro não permitia que um diagnóstico fosse definido. Naquele momento, o que estava claro era que uma cirurgia precisava ser realizada urgentemente.

Assim que os especialistas abriram meu abdômen, identificaram o que havia ocorrido. Em termos médicos: peritonite fecal causada por necrose e perfuração de alça intestinal do intestino delgado, resultante de invaginação intestinal situada em enteroanastomose anterior. Em outras palavras, meu intestino havia sido perfurado, e fezes se espalharam pela cavidade abdominal, provocando inflamação, morte de tecidos e infecção generalizada. O quadro era gravíssimo. A equipe fez o melhor que pôde, mas, ainda assim, ao final do procedimento cirúrgico minha situação piorou de forma expressiva. Aquilo preocupou todos os médicos e levantou dúvidas quanto à minha sobrevida no pós-operatório imediato.

Meus familiares foram informados quanto à gravidade do meu quadro clínico. A septicemia (infecção generalizada) era muito severa e poderia piorar ainda mais. Ali começou o que veio a ser conhecido entre os profissionais envolvidos como *Caso Bianca*. Eu era uma mãe que não vira seu filho e que apresentava risco de morte iminente. Naturalmente, isso mobilizava todos de modo especial. José Vittorio estava na Unidade de Tratamento Intensivo (UTI) neonatal, por ter nascido prematuramente, mas, graças a Deus, passava bem. O hospital convocou a psicóloga do CTI onde fui internada, dra. Carla Fellows, para dar assistência à minha família, pois todos estavam muito apreensivos. Minha mãe, nervosíssima, chorava muito, preocupada, andando de um lado para o outro. Meu marido aguardava novidades. A dra. Carla, que é evangélica, diria posteriormente que até aquele momento não sabia que se tratava de uma história que mudaria a sua vida e a de muitos outros funcionários, pacientes e familiares naquele hospital. Assim que recebeu informações sobre o caso, resolveu ir até o leito onde eu me encontrava para entender melhor o que estava acontecendo. Na hora em que ela chegou, me viu entubada, muito inchada e a caminho de uma tomografia. Por isso, ela foi logo conversar com meus parentes.

Meu quadro se agravou. Internada no leito 12 do CTI, eu era mantida viva por aparelhos e medicações em doses extremamente altas. Durante algumas semanas, o que mais se lia em meu prontuário era "Paciente em estado gravíssimo". Foram dias muito difíceis, incertos, dolorosos. Inconsciente, eu era ininterruptamente cuidada por médicos e enfermeiros. "Nossas mãos trabalhavam, alarmes soavam e drogas faziam seu coração bater. O pensamento de todos era voltado para sua melhora. E como torcíamos por isso! Foi uma fase difícil demais... Nas minhas sinceras conversas com Deus, eu dizia: 'Senhor, que esse sofrimento me ensine a ser uma pessoa melhor todos os dias'", conta Grasiela Mesquita, uma das enfermeiras que me atenderam. Eu piorava a cada instante. Tinha febre alta e precisei ser submetida a múltiplas cirurgias. Meus rins perderam a força e, por isso, quase diariamente eu era ligada a uma máquina de hemodiálise, que, por horas seguidas, filtrava meu sangue de toxinas. Emagreci e fiquei com a aparência de um cadáver.

Em um primeiro momento, minha mãe não conseguia entrar no CTI para me ver, pois estava paralisada pela possibilidade de me perder. Ela soube que eu estava diferente, inchada, em coma, e não suportava a ideia de me ver assim. Mas disseram que, mesmo inconsciente, eu precisava dela, que para mim era importante ouvir sua voz. Por isso, ela reuniu todas as suas forças, tomou coragem e foi até o CTI. Quando chegou lá, parou junto ao leito e disse: "Filha, mamãe está aqui do seu lado". No mesmo instante, eu abri com força os olhos, com a parte branca totalmente esverdeada devido ao meu estado de saúde, e todos ficaram assustados. Mas, logo depois, meus olhos se fecharam novamente. Embora eu não me lembre desse episódio, minha mãe tem certeza de que percebi sua presença. Tomada pela emoção, ela não aguentou, teve uma crise de choro e precisou sair.

Todos os meus irmãos de sangue embarcaram para o Rio de Janeiro: Bruno, com Renata, sua esposa, e Marcelo vieram de

Araçatuba. Maria Fernanda veio de São Paulo. E Maria Cecília veio de Brasília com o marido, André. Minha madrasta, Patrícia, já viúva de meu pai, Afonso, também seguiu para o Rio assim que soube que o meu estado tinha se agravado. "Não precisei de muito tempo para perceber o desespero em que Regina estava", diz ela sobre como encontrou minha mãe.

Os primeiros dias foram de muita oração, desespero e perplexidade. Todos os dias, as pessoas permaneciam no hospital de manhã até a noite, sem que pudessem fazer absolutamente nada. Só podiam esperar. "Íamos para casa com notícias boas e, no trajeto, as novidades mudavam e mais uma vez nos afligíamos. As notícias eram de morte. Mas eu tinha fé. Não sei de onde vinha essa fé, nem como era alimentada, mas eu acreditava que Bianca sairia daquela situação", conta hoje meu irmão Marcelo. Mais tarde ele me confidenciou que a sensação no hospital era a de estar perto, mas continuar longe. "Bianca não estava ali. Era apenas o seu corpo", diz ele. Os primeiros dias foram muito difíceis para Marcelo, e a cada hora chegava mais uma notícia terrível. O que restava aos que estavam ali era se aproximar de Deus, buscar o Senhor e orar. As dores eram imensas, mas a certeza de que Deus ouve o clamor fortalecia todos e mostrava que vale a pena lutar por quem amamos.

Amigos também vieram de outras cidades, como Suely Yanez, Alberto, seu marido; e Rodrigo Mitchú, os mesmos que depois coordenariam o relógio de oração de 24 horas feito pela internet em meu favor. Eles saíam de São Paulo frequentemente para me ver e depois se dedicavam às campanhas de doação de sangue. As visitas eram marcadas por palavras de carinho, embargadas por emoção, tristeza, mas também por atitudes de fé. Eu estava enfaixada nas mãos e nos pés, extremamente inchada, deformada.

Minha aparência assustava. O corpo, antes tão cheio de vida, agora estava inerte, mantido por muitas máquinas, praticamente morto. O diagnóstico era gravíssimo. O prognóstico, pessimista. Desde o início, a morte era tida como certa por quase todo mundo. Havia ministrações na sala de espera, e Deus trabalhava em corações sem que as pessoas se dessem conta. As orações não paravam. Muitos doavam sangue sem nem ao menos me conhecer. Ao entrar no CTI pela segunda vez, Suely levantou uma oração de perdão, por acreditar que isso seria importante. Ela conta que, mesmo eu estando em coma, fiz uma expressão facial de choro.

As pessoas que me amam só podiam me ver nos horários de visita, e isso era dolorido demais. Como minha madrasta define bem, aquela primeira semana foi um *tsunami*. "A nossa pequenez é medida pela nossa humanidade. Não tínhamos o que fazer, a não ser esperar e pedir, além de crer, sem dúvida, que era possível para Deus curá-la e só por ele isso poderia acontecer", diz ela. Minha irmã Maria Fernanda relata que tudo aquilo levou as pessoas a uma total dependência de Deus e do que ele podia fazer, esperando que os seus planos se cumprissem na minha vida.

Foram dias de muitas lágrimas, oração e jejum. Minha amiga e então pastora Fernanda Brum, que me havia visto no CTI da maternidade, ainda consciente, chegou de viagem e recebeu a notícia de que eu estava em coma e com falência de órgãos. Ela foi ao hospital, visitou José Vittorio e depois foi ao CTI me ver. Lá, foi informada de que havia pouquíssimas esperanças de que eu sobrevivesse. Então ela perguntou ao médico se eu a podia ouvir e se ela poderia orar por mim. Ele respondeu apenas que Fernanda podia, sim, interceder em meu favor, mas ficou em silêncio sobre eu poder ouvi-la. Disposta a entrar em uma grande batalha em meu favor, Fernanda aproximou-se e me disse: "Bianca, clama pelo sangue de

Jesus em sua mente!". Na mesma hora, minha respiração ficou acelerada e os aparelhos começaram a apitar todos ao mesmo tempo.

As experiências de Suely, minha mãe e Fernanda revelam algo bastante importante acerca de pessoas que estão em coma. Muitos supõem que esse estado é como uma viagem, um hiato, uma ausência, um vazio. A crença de muitos é que nesse vazio não há lugar para emoções, sentimentos, sonhos ou pensamentos. Mas a verdade é que eu tenho muitas lembranças do tempo em que estava em coma. Conhecer esse fato é extremamente importante para que saibamos como lidar com pessoas que estão nessa situação e como agir espiritualmente na hora de interceder e tratar com elas.

A palavra "coma" vem do grego *kóme*, que significa "sono profundo". A maioria dos pacientes nesse estado depende de mecanismos artificiais de sustentação da vida, como o respirador e as sondas de alimentação. Visto que o corpo fica imóvel e diversas de suas funções são alteradas, a aparência de um comatoso impressiona, pois, entre outras manifestações, seus olhos e sua boca projetam-se para a frente por causa da desnutrição e da retração dos músculos faciais. Diante de um quadro como esse, não há praticamente nada a ser feito, e os cuidados médicos se resumem a tentar garantir o bem-estar do paciente, em atitudes profiláticas que têm como objetivo, por exemplo, evitar a formação de escaras (feridas causadas pela imobilidade).

Para a família e os amigos, a convivência com um paciente em coma é devastadora. É como conversar, fazer carinhos e esperar respostas de uma estátua de cera. Só que é uma "estátua" que abriga uma pessoa querida e que está ali, viva, com o coração pulsando, o sangue quente, e os olhos ora abertos, ora fechados.

Imagino como foi difícil para aqueles que me amam me ver dia após dia dormindo, enquanto meu corpo perecia. Eles não sabiam se eu estava sofrendo, nem ao menos se estava ouvindo. Não sabiam se eu voltaria, mas desejavam muito que isso acontecesse e criam que seria assim.

Durante o período em que estive em coma, minha vida era cientificamente mantida por uma série de aparelhos, mas espiritualmente sustentada pela oração de milhares de pessoas que se uniram em clamor a Deus, comovidas pela minha situação. Diariamente, familiares, pastores e amigos íntimos estavam ao lado do meu leito me falando palavras de amor e de fé e, de certa forma, interferindo no ambiente em que eu estava. Entenda que um CTI tem influências espirituais diversas, relacionadas ao sofrimento, à angústia e à morte. Aqueles que oravam constantemente por mim se sentiam incomodados e, por isso, inclinados a lutar por aquele território ao meu redor. E isso é importantíssimo.

Um indivíduo em coma não fala, não vê, nem sente cheiros e, por isso, até pouco tempo atrás esse estado era considerado uma espécie de prelúdio da morte. Só que isso não é verdade. A pessoa fica refém dessa condição de consciência, aprisionada em uma dimensão que não controla, mas não está numa bolha de silêncio, destituída de atividade cerebral e espiritual. Pelo contrário, tenho muitas lembranças do tempo em que estive em coma. Lembro-me com clareza de sonhos consecutivos, com enredos diversos. É bastante interessante que muitos desses sonhos coincidem com a realidade que me cercava, com palavras ditas por quem estava ao lado do meu leito e orações feitas em meu favor.

Em certo momento, colocaram perto da cama um aparelho de som que reproduzia louvores e ministrações da Palavra de Deus 24 horas por dia. Essas canções e palavras, de alguma maneira, conseguiam invadir meus sonhos e, muitas vezes, quando eu tinha um pesadelo, a música me tirava dele. Recordo-me que, em alguns momentos, eu me via passando por vielas de chão de terra, lugares escuros, e ali Deus falava comigo, dizendo que minha vida estava em perigo. Nessa hora, uma canção me arrebatava e me livrava. Em seguida, começava outra jornada. E assim foi numerosas vezes.

Por tudo isso, hoje eu entendo a importância da oração constante por quem está aprisionado em um coma, assim como o zelo pelo ambiente do CTI e o cuidado com o que se fala perto do paciente. Lembro-me de que em meus sonhos eu via bebês, cirurgias, enfermeiros, médicos e muitas bolsas de sangue. Nessas horas, eu sabia que minha vida estava por um fio. Tive sonhos em que pessoas me pediam perdão e eu as perdoava, o que posteriormente descobri que aconteceu de fato enquanto eu dormia. Eu estava inconsciente, mas de onde eu estava Deus falava comigo, e — o que pode ser o mais surpreendente para muitos — mesmo naquele estado eu tinha poder de decidir e obedecer.

Ao todo, passei 52 dias em coma. Durante esse período, fui submetida a mais de dez cirurgias (entre elas uma no pulmão) e uma traqueostomia. Foram muitas idas e vindas ao centro cirúrgico para lavagem do abdômen. Recebi mais de trezentas transfusões de sangue. Além disso, vivi uma luta constante contra as bactérias que causam infecção hospitalar, em especial a KPC (*Klebsiella Pneumoniae Carbapenemase*), considerada a "superbactéria". Devido a uma mutação genética, ela é resistente a múltiplos antibióticos e pode causar pneumonia, infecções no sangue e no trato urinário e não raramente leva o paciente a um quadro de infecção generalizada e morte. A verdade é que meu pé chegou a dar um passo além da fronteira da vida, no dia em que sofri duas paradas cardíacas — uma de oito minutos e, dez minutos depois, outra de doze minutos de duração. Nas palavras da dra. Carla, "por alguns minutos Bianca morreu e ressuscitou. Quando eu soube da parada e do retorno, a primeira coisa que pensei foi em Lázaro, quando Jesus lhe disse: 'Lázaro, vem para fora', e ele tornou à vida. A mão de Deus estava realmente sobre a situação de Bianca, porque, depois das duas paradas cardíacas, os médicos reiniciaram a diminuição da sedação para saber em que nível a parte neurológica havia sido afetada e também porque alguns parâmetros, taxas e exames começaram a indicar melhora". Todos esses procedimentos ocorreram porque o médico que me acompanhava ficou muito preocupado, pois ainda não se sabia se (ou em que medida) eu havia sofrido alguma lesão neurológica em razão da falta de oxigenação no cérebro.

Para que você entenda a gravidade desse episódio, pedi ao dr. Murilo Prata, médico formado pela Universidade de Brasília, que explicasse o que ocorre numa situação como aquela. Esse especialista, que já teve a oportunidade de cuidar de pacientes com quadro semelhante ao que desenvolvi naquela ocasião, deu este parecer: "Ao ouvir a história, tive a nítida e absoluta certeza de tratar-se de um grande e poderoso milagre, milagre!". O dr. Murilo explica que a septicemia, quando não é debelada, leva ao que é chamado de choque séptico, em que existe uma queda da pressão arterial tão acentuada que, para manter a vida, são necessárias drogas que aumentam a pressão. Mesmo que se tenha êxito, há a possibilidade de o paciente sofrer morte cerebral parcial e com extensões variadas, o que potencialmente deixa graves sequelas. O choque séptico tem como consequência o comprometimento de tecidos vitais, como os dos sistemas renal, respiratório, cardíaco, imunológico, de hemocoagulação e nervoso, o que resulta em um quadro conhecido como insuficiência de múltiplos órgãos e sistemas, ou, ainda, síndrome de disfunção de múltiplos órgãos e sistemas. Isso foi exatamente o que aconteceu comigo: todos esses sistemas faliram. As estatísticas mostram que, para cada sistema acometido, deve-se acrescer de 15% a 20% à chance de mortalidade. "Se somarmos os sistemas que falharam em Bianca, a possibilidade de óbito ultrapassaria 100%, ou seja, estatisticamente ela estava morta", explicou o dr. Murilo.

Tenho a convicção de que no mundo espiritual havia uma guerra pela minha vida e, de alguma forma, eu sentia isso onde estava, o que me afligia. Em meus sonhos, que se desenrolavam em uma mente aprisionada em um corpo que lutava pela vida, eu constantemente me via paralisada, querendo sair do lugar, mas não conseguia. Quem movia meu corpo por mim era sempre outra pessoa. Hoje comparo o coma a uma prisão, porque a sensação que eu tinha era exatamente a de estar presa. É uma situação em que o indivíduo tem total consciência, mas vive em uma realidade paralela.

Sei que a minha experiência é pessoal, por isso não se pode dizer que todos os pacientes em coma vivem a mesma situação que eu. Não é uma regra, mas, certamente, esse relato nos orienta sobre uma série de comportamentos que devemos adotar com relação a indivíduos que estão nesse estado, no que se refere a questões psicológicas, emocionais e espirituais. Na dúvida, sempre trate uma pessoa em coma com todo o respeito, carinho, amor e com toda a atenção, e jamais como um boneco sem vida. Diga palavras de fé, esperança e consolo. Ore constantemente por ela, se possível em sua presença. Conduza-a à oração também e leve-a a tratar questões de sua vida em que haja pendências (como aspectos ligados ao perdão e à salvação de indivíduos não cristãos).

Trinta dias após seu nascimento, José Vittorio recebeu alta do hospital e foi para casa. O sentimento geral é que a saída dele do hospital foi motivo de enorme alegria, mas foi doloroso vê-lo sem a mãe, que ele ainda não tinha sentido e que esperara por ele durante tanto tempo. Afinal, por mais bem amparado que estivesse, não estava comigo, e eu não estava com ele. Minha mãe relatou posteriormente: "Ver meu neto saindo do hospital sem a mãe foi muito dolorido. E, depois, vê-lo crescendo longe dela, que continuava da mesma forma, levou-me a orar: "Apressa-te, SENHOR, a ajudar-me!" (Sl 70.1).

Minha mãe sustentou a casa na minha ausência. Ela encontrou minha agenda de contas a pagar, com as datas de vencimento, e cuidou de tudo para mim. Também preparou uma equipe a fim de cuidar da minha casa e providenciou tudo para que o José Vittorio tivesse babás cuidando dele 24 horas por dia. A família do pai do bebê também ajudava. Mas as pessoas queriam estar no hospital o tempo todo também. O bebê era rodeado de carinho e visitas, mas a tensão era constante, porque meu quadro de saúde era terminal, e as notícias eram sempre de piora. O futuro de Vittorio era incerto.

3

Amor e solidariedade

Alegrem-se com os que se alegram;
chorem com os que choram.

Romanos 12.15

Eu continuava no CTI, em estado grave. Naquele período, embora eu passasse por hemodiálise quase diariamente, meus edemas não diminuíam. A cor da pele estava alterada, alaranjada, devido a uma substância chamada bilirrubina, resultante da degradação da hemoglobina. Minha barriga estava aberta, porque o tecido não conseguia cicatrizar. Cada ida minha ao centro cirúrgico exigia o transporte de aparelhos como respirador, pelo menos duas bombas de medicação e equipamentos de traqueostomia. A abertura em meu abdômen tinha ao menos uns quinze centímetros e dela saíam muitos líquidos. Era uma imagem impressionante.

Minha situação mobilizou muitas pessoas. Parentes e dezenas de amigos lotavam o hospital durante as visitas, comprometidos com um relógio de oração por mim e por meu filho. Até em estações de rádio evangélicas havia apelos por intercessão em nosso favor. Igrejas inteiras se moveram em clamor, além de numerosas pessoas, individualmente — sozinhas entre quatro paredes, por redes sociais, blogues e *sites*. No próprio hospital, muitos funcionários evangélicos, e até mesmo os que não professavam a fé em

Cristo, começaram a ser tocados por minha história, oravam e pediam por mim, choravam e clamavam por minha cura.

O meu estado geral oscilava entre dias melhores e piores. A dra. Carla atendia meus familiares praticamente todos os dias. Ela conta que, muitas vezes, ficava parada, me observando, e, pensando em tudo o que estava acontecendo comigo, se questionava: "Por que uma serva do Senhor estaria passando por esta situação?". Visto que muitos pastores e irmãos da igreja oravam por mim e pela equipe, Carla se angustiava, com medo de que eu morresse, pois se perguntava como ficaria o nome de Deus caso isso viesse a ocorrer. Ela queria entender o porquê daquilo tudo. Posteriormente, Carla me contou que houve um dia em que ela estava com sua mãe, também uma senhora evangélica, e, conversando sobre minha condição, resolveu ver na internet como eu era fisicamente antes da internação. Ficou surpresa com a aparência que eu tinha antes de tudo aquilo e teve a sensação de que era outra mulher aquela que estava internada no hospital. A dra. Carla relatou que ela e a mãe sentiram muita vontade de orar por mim e, ao final da oração, sua mãe lhe disse: "Enquanto orávamos, eu vi Bianca sentada, bebendo suco".

Passado meu primeiro mês de internação, surgiu um padrão estranho: eu melhorava no começo da semana, piorava na quarta-feira e depois estabilizava, voltando a piorar aos domingos. O motivo disso permanece um mistério, mas a sensação era que eu progredia um passo e, então, retrocedia dois. Minha família começou a procurar alternativas. O corpo clínico do CTI passou a cuidar de mim em tempo integral. Após tanto tempo, meus irmãos e demais parentes precisavam retornar para suas cidades, e começaram a ir e voltar. A vida de todos estava suspensa; parecia que ninguém da família conseguia seguir, por mais que tentasse.

A cada dia um problema novo acontecia, os órgãos (fígado, rins, pulmões, coração) já não funcionavam sem aparelhos ou medicamentos e, em algum tempo, começou uma batalha para que o sangue coagulasse. Chamaram uma médica especialista e pesquisadora de problemas de coagulação, mas ela disse à minha mãe que sentia muito, pois simplesmente não havia nada que pudesse ser feito. O prognóstico dos médicos era que, se eu melhorasse, bastante provavelmente teria sequelas que perdurariam por muito tempo. Diziam ser impossível que eu saísse da cama com menos de seis meses ou que andasse antes de um ano.

Diante disso, naturalmente minha família e meus amigos viam a fé em Deus como a única saída. "Era uma montanha-russa emocional totalmente imprevisível", conta minha irmã Maria Cecília. Não havia como prever o que aconteceria comigo no segundo seguinte, quanto menos no dia ou na semana posteriores. A fé era o que mantinha todos unidos e confiantes em que Deus estava no controle daquela situação. Mesmo nos momentos mais difíceis, diante dos piores prognósticos possíveis, minha família continuou crendo que Deus é poderoso para realizar o milagre de que eu precisava naquele momento. "Era muito triste vê-la naquele CTI, em coma induzido, sedada, sem compreender aquela situação, sem ter conhecido seu filhinho. Foram momentos de muita dor, mas a cada dia éramos surpreendidos pelo favor de Deus", resume Maria Cecília.

O cuidado pastoral comigo era constante. Sempre que me visitava, a pastora Fernanda Brum levava óleo para unção, em cumprimento às determinações bíblicas: "Entre vocês há alguém que está doente? Que ele mande chamar os presbíteros da igreja, para que estes orem sobre ele e o unjam com óleo, em nome do Senhor" (Tg 5.14). Ela tirava anéis e pulseiras, lavava as mãos e os braços e, com delicadeza, aplicava o óleo em meus pés inchados. Enquanto os massageava, Fernanda sempre dizia que eu clamasse pelo sangue de Jesus. A cada nova visita, meu estado era pior. A pele passou de amarela a marrom. Meu quadro geral era péssimo, chegou a ponto de Fernanda entrar no hospital orando assim: "Senhor, eu entro neste lugar pela fé no teu poder, porque eu não tenho mais forças". Josué Valandro Jr., meu pastor na Igreja Batista Central da Barra da Tijuca, no Rio de Janeiro, onde congrego, também tinha um sentimento semelhante. Ele ficava impressionado pelo fato de aquela moça loira, branca e de olhos azuis estar agora com a pele marrom e gosmenta, totalmente inchada. Meus olhos, tomados por uma coloração amarelo-ovo, assustavam, e o pouco cabelo que me restava me conferia um aspecto cadavérico. "Bianca era uma pessoa que expressava a morte. Era difícil não se emocionar ao sair dali", conta o pastor Josué.

Outros pastores também foram ao CTI orar por mim, como o pr. Neto, pai da cantora Eyshila, e um conhecido da família, pastor Jânio. Tempos depois, Eyshila relatou: "O que me tocou no caso de Bianca foi que minha mãe passou por uma situação muito parecida. Ela também contraiu uma infecção generalizada que a paralisou por um ano inteiro, deixando-me e a meus dois irmãos gêmeos aos cuidados dos nossos avós, já que o meu pai ficava inteiramente à disposição dela. Minha mãe havia sido desenganada pelos médicos diversas vezes, assim como Bianca, e, em cada uma daquelas situações de desespero, meu pai pôde ver a mão de Deus agindo de forma miraculosa. Existem situações nas quais Deus nos move em favor de alguém. Nessas horas paramos tudo e vamos chorar com os que choram, como ensina a Palavra do Senhor. Mas acredito que, quando Deus faz uma nação inteira interceder por uma vida, há um grande mistério por trás de tudo isso. Creio que não é sem motivo que Deus faz essas coisas em nossa vida. Bianca há de ser levantada com poder e autoridade neste tempo, para testemunhar, diante desta geração, que o nosso Deus ainda opera milagres. Sua voz ainda ecoará pelos quatro cantos da terra, levando cura e restauração".

Outro pastor, Fernando Pinto, líder do ministério Seara, da Assembleia de Deus do Bom Retiro, em Orlando, Estados Unidos, conta que estava acostumado a ver cenas fortes, por ser ministro e muito frequentemente acompanhar pessoas em salas de emergência. Mas, quando deparou comigo naquele estado, ficou paralisado e sem condições de falar nada. Ele ficou chocado pelo fato de eu estar totalmente deformada fisicamente. "Tivemos de lutar contra as lágrimas teimosas que insistiam em vir", relata. Reações semelhantes tinham todos os que entravam naquele CTI. A esposa do cantor Paulo César Baruk, Rebeca Neemer, tempos depois me disse que ficou de boca aberta ao me ver, totalmente desfigurada, irreconhecível. "Não senti odor nenhum, mas para mim era como se houvesse ali um cheiro de morte", falou. Assim que Baruk me viu, sua pressão caiu e ele ficou muito pálido. Até então, Rebeca orara por minha cura, pedira que Deus restabelecesse minha saúde e operasse um milagre, mas, depois que me viu, passou a orar para que se cumprisse o propósito divino.

Algo que me chama a atenção é que a minha situação mobilizou pessoas dos mais diversos perfis e as uniu em um só propósito: agir em meu favor, seja pela doação de sangue, seja pela intercessão, seja por acionar comunidades inteiras em oração pela minha vida. Isso aconteceu porque o verdadeiro amor nos tira do centro e põe o próximo sob os holofotes. Cada relato que eu recebo sobre pessoas que agiram por mim, sem que eu soubesse, me constrange ao mostrar o cuidado de Deus e o poder do Espírito Santo em mover corações para abençoar seus filhos. Cristãos de diferentes denominações deixaram de lado suas diferenças e se uniram em um mesmo propósito de amor. Cada indivíduo tocado pelo Espírito Santo foi escolhido pelo próprio Senhor para fazer parte dessa história que, de alguma forma, modificou todos os envolvidos, graças ao poder do amor. O clamor a Deus pela minha vida era constante. Mesmo sem me conhecer, líderes de várias denominações oraram, ao vivo, pela televisão, em transmissão para vários países, chamando a Igreja em todo o mundo para a luta em oração por minha vida. É impossível mensurar a quantidade de pessoas que se engajaram nesse processo.

Como definiu meu irmão Bruno, "ali começava a história de nossa bela e abençoada adormecida, que, enquanto dormia, era blindada por milhares de pessoas que clamavam a Deus pela oportunidade da vida e para que José Vittorio tivesse a companhia da mãe". No deserto em que se viram em razão de meu estado lastimável, os que me acompanhavam de perto começaram a receber e perceber a solidariedade de pessoas que me amavam ou que ouviam falar do caso e se comoviam. Em pouco tempo, a mobilização em meu favor na internet tornou-se algo de proporções gigantescas, o que representou um grande apoio naquele momento de dor. Fernanda Brum teve uma importante participação nessa batalha, quando lançou uma campanha de oração pelo Twitter; muitas pessoas, incluindo outros artistas, aderiram à mobilização. Fernanda confessa: ela sabia que eu estava morrendo, mas ao mesmo tempo sua fé era sobrenatural. Durante suas apresentações, o celular ficava na cintura, aguardando notícias de meu estado. Sempre que o telefone tocava com alguma novidade, ela interrompia o *show* e conclamava a multidão presente para clamar por mim. Tudo isso me mostra que a Igreja unida em oração e solidariedade por um mesmo propósito é algo extremamente valioso — aliás, é algo que não tem preço.

O diretor da gravadora Sony Music Gospel, Maurício Soares, também desempenhou importante papel na mobilização, pelo Twitter, por doação de sangue e oração. "Começamos a campanha estabelecendo metas diárias de voluntários para doação de sangue. Em média, as mensagens da campanha eram enviadas de hora em hora, e retuitávamos toda mensagem sobre o assunto. Aos poucos começamos a perceber a curiosidade das pessoas sobre Bianca Toledo", ele relata. Os doadores começaram a aparecer, mas, no início, de forma tímida e em número menor do que o necessário. A necessidade por mais doação de sangue aumentava, e, à medida que os dias se passavam, mais e mais pessoas se engajavam no mutirão. Maurício, então, resolveu agir de forma diferente, ampliar a campanha nas redes sociais e partir para a mídia a fim de divulgar o assunto. Ele escreveu um pequeno *release* e o enviou para contatos na imprensa cristã. Em pouco tempo, diversos *sites* aderiram à campanha e começaram a participar do esforço de oração e doação de sangue. Mas Maurício foi além e começou a ligar para amigos — entre eles líderes de denominações evangélicas — a fim de convocá-los para esse esforço.

Meus amigos montaram um blogue, que era alimentado com notícias transmitidas pela família. O objetivo era que esse canal concentrasse as informações e divulgasse os boletins médicos, uma vez que era grande o interesse de pessoas de todo o Brasil e do exterior por informações. O blogue chegou a ter mais de 60 mil visualizações diárias. Aquela foi a maior campanha de oração já feita pelas redes sociais em favor da vida de alguém. Em todo o Brasil, meu nome era o mais citado no Twitter enquanto eu permanecia no hospital. Também foi por meio desse blogue que se organizou o relógio de oração de 24 horas. A adesão foi admirável e mostrou a bondade das pessoas: milhares se prontificaram a participar, solicitando um tempo de cinco minutos para orar por mim. Chegavam tantos *e-mails* que foi preciso criar uma conta exclusivamente para o relógio de oração. Mitchú, que era responsável pelas atualizações, passava cerca de sete horas por dia na frente do computador dedicado a isso. Além das mensagens de solidariedade, também começaram a chegar testemunhos de conversão e de reaproximação de Deus por causa de tudo o que eu estava vivendo.

Dentre tantos casos, alguns chamaram minha atenção, como o da irmã Debora Fecher, que não me conhecia e tomou conhecimento da minha situação pela internet. Sua fé estava abalada havia algum tempo, devido a muitas decepções com pessoas da igreja. Ela conta que, por meio de minha luta, Deus lhe renovou a fé. Em certa noite, o Espírito Santo a fez se compadecer da minha tragédia e, então, orando por mim, Debora voltou a sentir o Espírito Santo agir em sua vida. "Eu renasci. Nunca mais me esqueci daquela noite. A Bianca e o José Vittorio fazem parte da minha história mesmo sem saber", escreveu ela em um *e-mail*. Posteriormente, muitas pessoas relataram ter sido acordadas com sonhos ou simplesmente com o impulso de interceder por mim. Foi o caso de Suely Yanez, Mitchú e a cantora Talita Pagliarin.

Outra irmã em Cristo, Patrícia Martins, conta que, ao tomar ciência do que se passava comigo, entrou em um nível de intercessão que nunca havia experimentado, a ponto de chorar e acordar de madrugada para orar em meu favor. Ela conta algo extraordinário: no dia em que tive as paradas cardíacas (que ocorreram por volta de seis horas da manhã), ela despertou às cinco horas com vontade de ouvir uma música de um CD da Fernanda

Brum que fala de cura, inclusive de pessoas que enfrentam o CTI, e diz: "Coração, volte a bater, volte a bater...". Só depois Patrícia viu a notícia das paradas cardíacas, pelo Twitter e pelo blogue. Ela relata que, durante aquele período, por meio da busca intensa, em oração, pela minha cura, sua espiritualidade e seu ministério tomaram uma proporção completamente nova. A verdade é que, enquanto as pessoas oravam por mim, vidas eram transformadas em todo lugar.

Interceder é um ato de amor. Quando saímos da petição para a intercessão, transferimos nosso esforço em buscar aquilo de que precisamos para clamar pela necessidade do próximo. Se estou viva hoje, é porque houve um clamor persistente, que revelou o enorme amor que as pessoas são capazes de demonstrar. Meu irmão Bruno conta que, à medida que a situação se desenrolava, ele foi sendo tomado por uma fé que nunca experimentara, além de uma intimidade com Deus que lhe dava a certeza de que tudo aquilo fazia parte do plano divino, a segurança de que o Senhor estava no controle desde o começo e que um dia a verdade e os motivos nos seriam revelados. Bruno ouviu dezenas de testemunhos de pessoas que disseram ter voltado a orar ao saber do meu caso, outras que se reaproximaram de Deus ou foram curadas na alma e no físico e puderam ser tocadas pelo Senhor. Bruno diz: "Bianca certamente foi escolhida para levar uma mensagem de fé, esperança e cura para as multidões. Quem a viu no estado em que estava, ouviu dos médicos o que ouvimos e hoje a vê pregar sobre cura e o amor de Deus, certamente não consegue deixar de se emocionar e declarar que o grande Deus foi por ela. A ele toda a honra, toda glória e todo louvor!". Minha madrasta, Patrícia, conta que conheceu até mesmo pessoas não cristãs que participaram do relógio de oração: "Qualquer situação neste mundo pode ser modificada pela atitude das pessoas; e eu vi pessoas unidas pelo amor, pela compaixão, pela empatia. Afinal, foi isso que Jesus veio nos ensinar, não? Ele disse para amarmos o próximo como a nós mesmos, e Bianca foi amada por todos os que oraram, acreditaram, estiveram ao seu lado, ou, mesmo longe, choraram e sorriram".

Um amigo da família, Mário Sérgio, passou a orar em cada recinto do hospital, diariamente. Ele conta que conversava com Deus como nunca e que, todas as vezes em que entrava no CTI, me via bem. Em certo momento, ele passou a não sentir mais a necessidade de orar por mim, mas, sim, de agradecer por eu estar viva. Mário relata que, todo o tempo, era afrontado quanto à sua fé por pessoas que me visitavam e lhe diziam: "Onde está esse seu Deus? Mesmo que você ore, ela não vai sair dessa. Humanamente é impossível". A resposta dele era sempre a mesma: "Por isso Deus vai operar um milagre, pois para os humanos é impossível".

Essa foi uma certeza que nasceu em meio àquele turbilhão: apesar dos esforços da medicina, seria impossível creditar uma eventual melhora a qualquer um que não fosse o Deus Todo-poderoso. A Bíblia diz que "Jesus Cristo é o mesmo, ontem, hoje e para sempre" (Hb 13.8), mas, por vezes, cremos que os milagres do tempo de Jesus não acontecem da mesma forma hoje, visto que a química, os medicamentos e os tratamentos parecem levar a fama que deveria ser atribuída ao Senhor. Mas, como diz o pastor Josué Valandro Jr., no meu caso não dá para fazer o menor esforço em dar o crédito a mãos humanas: "Bianca estava morta, por depender de vários aparelhos e por estar apodrecida em todo o seu corpo, com infecções múltiplas. Para a medicina, algo sem volta. Os médicos não poderiam apostar 1% que fosse que aquela moça sairia do coma. E, se saísse, nunca poderia se recuperar e viver saúde plena. Mas a oração de nossa igreja e de uma multidão de irmãos em várias partes do mundo provou que, quando este povo cheio de defeitos, que somos nós, se une para orar, não tem jeito: vai acontecer milagre. E Bianca é um milagre em movimento".

E Deus operou o milagre. Após 52 dias em coma, meus olhos se abriram e eu despertei.

4

De volta à vida

Jesus olhou para cima e disse: "Pai, eu te agradeço porque me ouviste. Eu sei que sempre me ouves, mas disse isso por causa do povo que está aqui, para que creia que tu me enviaste". Depois de dizer isso, Jesus bradou em alta voz: "Lázaro, venha para fora!" O morto saiu, com as mãos e os pés envolvidos em faixas de linho e o rosto envolto num pano. Disse-lhes Jesus: "Tirem as faixas dele e deixem-no ir".

João 11.41-44

Os primeiros instantes de meu retorno à vida foram bastante confusos. Tenho alguns *flashes* de memória fragmentados, que fazem parte dos momentos em que minha consciência oscilava, meus olhos se abriam e se fechavam. Lembro-me de meu irmão Bruno e minha cunhada Renata, perto do leito, dizendo: "Oi, Bizinha. Oi, Bi... Nós estamos aqui, viemos te ver". Também guardei a imagem de minha irmã Maria Cecília acenando de longe, com um sorriso compassivo de amor, mas apreensivo, alimentado por um fiozinho de esperança.

Quando, aos poucos, minha consciência foi se consolidando e eu passei a tomar mais ciência da situação, comecei a reparar a preocupação de todos em dizer que muitas coisas boas estavam acontecendo, a família estava unida, todos iam à igreja clamar pela minha saúde e estavam mais próximos de Deus. Sabiam que isso me deixaria feliz; então me contavam com alegria. Pareciam dedicados a me dizer que Deus estava melhorando o mundo para me receber. E, de fato, aquelas boas notícias me faziam bem. Todos eram amorosos comigo e se esforçavam para parecer bem. Chegavam sempre sorrindo para me visitar e davam o melhor de si.

Com o tempo fui percebendo que eu não tinha movimentos; apenas abria e fechava os olhos. Minha respiração estava diferente, pois o ar não entrava pelo nariz. Eu não sabia que havia um tubo no meu pescoço; apenas percebi que algo havia mudado. Sentia meus braços e minhas pernas muito pesados e meu pescoço precisava de apoio. Tudo era difícil, até realizar gestos simples, como esboçar expressões faciais. Era complicado até mesmo piscar os olhos.

Eu guardei muitas lembranças daquela realidade paralela em que vivi enquanto estive em coma. Eram recordações de sonhos tão reais que aos poucos passei a perceber que, se aconteceram, havia sido em outra dimensão. Agora, de volta ao mundo real, eu estava em um leito, vestida com uma camisola branca e conectada a muitos fios, tubos, drenos e aparelhos. O barulho contínuo de bipes por todos os lados era uma sinfonia incômoda, acompanhada por luzes que ficavam constantemente acesas. No fundo havia um som que, devagar, comecei a entender serem louvores.

Eu me sentia só. Olhava para os lados e não via ninguém. De repente, algumas enfermeiras passavam pelo meu boxe, olhavam para mim e sorriam. Então elas acenavam com a mão e diziam: "Bom dia, Bianca". Bianca... Bianca... Quem é Bianca mesmo? Aquele nome soava familiar. Até que, na terceira ou quarta vez, percebi que era o meu nome. Para minha surpresa, todos ali sabiam quem eu era e falavam comigo com muito carinho e intimidade. Afinal, tudo era novidade para mim, mas eu não era novidade para ninguém ali; todos haviam passado por momentos muito difíceis ao meu lado. Foram 52 dias em coma, além do período na emergência, lutando diariamente pela vida. Todos me conheciam muito bem, mas, para mim, eu havia acabado de chegar. Um relógio de parede ficava fixado em frente ao leito onde eu estava e, às vezes, quando minha visão era menos embaçada, eu conseguia decifrar a posição dos ponteiros. As horas se passavam e eu continuava na mesma posição. Minha mente vagava e eu esperava que alguém me dissesse o que eu estava fazendo ali.

Lembro-me de que minha família ia me visitar sempre no mesmo horário e, quanto mais consciente eu estava, melhor era a sensação que tinha quando eles chegavam. Certo dia, minha mãe me disse: “Bi, o José Vittorio está bem, está em casa”. Eu não consigo imaginar o que meus olhos disseram quando escutei aquilo, mas sei que meu coração estremeceu, tentando decifrar em alguns segundos tudo o que havia acontecido. Eu não me lembrava de que tinha estado grávida. Na verdade, não me lembrava de nada da minha vida, a não ser das pessoas que estavam ali me visitando — parecia que eu havia parado no tempo. Mas o nome do meu tão sonhado e esperado filho ecoou dentro de mim.

José Vittorio. Minha herança. Sangue do meu sangue. Meu filho. Gerado em meu ventre por 36 semanas. Seu nome, escrito na porta do quarto que eu mesma decorei e preparei para recebê-lo. Até então eu não me lembrava disso; só sabia que algo muito grave havia acontecido comigo e eu estava vazia, minha barriga permanecia aberta, e meu filho não se encontrava mais ali. Eu não presenciei seu nascimento. Não o conheci.

Fui levada a uma viagem cheia de sonhos e pesadelos terríveis, uma sequência de cenas nas quais uma luta era travada.

Quando acordei, estava cansada e confusa — mas viva e segura por estar de volta. Foi quando minha mãe me disse: "Filha, aos poucos nós vamos te contando o que aconteceu". Embora estivesse feliz por me ver fora do coma, ela, por dentro, ainda enfrentava uma grande batalha, pois era muito difícil me ver acordada, mas prisioneira do próprio corpo. Se ela pudesse, trocaria de lugar comigo. Esse mesmo sentimento tomou conta de muitos dos que me amavam e viam a minha situação. "O corpo dela estava praticamente destruído. Quanto à fisionomia, nem preciso tecer comentários, pois as fotos falam por si. Mas a mente dela parecia estar hiperligada. Eu me sentia muito mal, pois imaginava como seria estar preso dentro do próprio corpo", diz meu amigo Mário Sérgio. Todos, porém, compartilhavam o grande alívio que era me ver desperta e sem sequelas cerebrais "Era um grande milagre. Eu via que Deus estava respondendo, e nós sabíamos que ele ia fazer mais. Quando ela acordou, eu disse: agora nós vamos até o fim", compartilha Fernanda Brum. Ali começou uma nova rotina. E quando digo *rotina,* é no sentido de fazer sempre tudo da mesma maneira mesmo. De manhã, por volta das sete horas, começava a troca de turno das equipes de médicos e enfermeiros. Aqueles que haviam passado a madrugada no trabalho iam de leito a leito, informando como tinha sido a noite de cada paciente. Chamou a minha atenção o fato de que eles passavam e falavam de mim como se eu não estivesse ali. Eu escutava atentamente o que eles diziam, apesar de a minha aparência não indicar o nível de lucidez que eu gradualmente ia adquirindo. Das oito e meia às nove horas começava a movimentação das enfermeiras para dar banho nos pacientes. Elas transitavam com uma bacia de metal e pilhas de lençol. Eu aguardava ansiosa pela minha vez, pois, após uma madrugada interminável de olho no relógio, finalmente alguém falaria comigo e tocaria em mim. A hora do banho passou a ser o momento mais esperado.

À noite eu não dormia, devido às luzes acesas, às máquinas que não paravam de apitar, à movimentação da equipe, à administração dos medicamentos, à troca de fraldas, aos exames radiológicos. Isso tudo me deixava com medo de dormir e acordar assustada, com alguém me olhando ou me manipulando. Por isso, eu passava a noite toda aguardando que a manhã chegasse e houvesse a troca de turnos.

O banho envolvia sempre três ou quatro enfermeiras, porque eu estava muito pesada por causa do inchaço: mais de cem quilos. Uma perna minha tinha a circunferência equivalente ao que hoje tem o meu quadril. Além disso, eu ficava completamente imóvel. Era difícil para elas, e eu percebia isso. As enfermeiras conversavam comigo e eu, com o olhar atento, prestava atenção às suas palavras. Mas, algumas vezes, também conversavam como se eu não estivesse ali, o que era muito estranho. Mas, por algumas horas, eu tinha o toque e a companhia dedicada delas. Recordo-me em especial de uma vez em que uma enfermeira de outro andar passou por ali, onde alguns curiosos às vezes também passavam, e disse: "*Tadinha* dela! Ouvi dizer que é cantora. O que será que aconteceu?". Uma colega dela respondeu: "Ela deu à luz um bebê, mas teve complicações, uma infecção grave. Que Deus a ajude". E eu ali, acordada, olhando para elas e tentando entender por que falavam de mim como se eu não estivesse presente.

Tudo isso me mostrou quanto é importante para pessoas adoentadas o calor humano e como é fundamental respeitar quem quer que seja, mesmo os que aparentemente não conseguem se relacionar conosco por questões de saúde ou outro motivo. Afinal, nunca se sabe o que se passa nesse enorme mistério chamado mente humana.

Quando o banho terminava, os lençóis precisavam ser substituídos comigo ainda deitada, imóvel e cheia de acessos e tubos. Às vezes, o tubo da traqueostomia soltava do pescoço e aquilo me assustava muito, porque fazia um barulho muito alto e parecia que eu ficava sem ar. Como eu não tinha movimento nos braços para colocá-lo de volta, pensava que o tubo poderia se soltar quando ninguém estivesse ali; esse pensamento me assustava bastante. Dia após dia, observando e ouvindo, eu juntava as peças daquele grande quebra-cabeça e ia voltando para o mundo real.

Aos poucos eu percebia sutilmente a mão de Deus cuidando de mim, como quando uma enfermeira cantava louvores e adorava ao Senhor ao se dedicar às minhas necessidades. Algumas vezes, as enfermeiras evangélicas oravam por mim baixinho, como se falassem consigo mesmos. Minha situação era muito triste e eu percebia que, em alguns momentos, elas se compadeciam muito de mim. Houve madrugadas em que eu as ouvia dizer: "Deus, tem misericórdia da sua filha", enquanto me enxugavam da grande quantidade de suor provocada pelas terríveis febres que me acometiam. Hoje penso que o Senhor cuidou de mim de maneira muito especial, porque a maior parte da equipe de enfermagem que trabalhava naquele CTI era cristã e sua linguagem me era familiar. Diziam-me que suas famílias e igrejas estavam orando por mim em vigílias e orações.

Diariamente, sempre no mesmo horário, uma enfermeira diferente chegava empurrando uma máquina grande, que eu não imaginava o que era. Ela ligava alguns fios à minha perna e eu via que circulava sangue por ali. O líquido escuro entrava na máquina e saía, em um processo que durava muitas horas, a ponto de a enfermeira dormir em uma poltrona ao lado. Eu não sabia o que era aquilo e demorou um bom tempo para eu descobrir que era a máquina de hemodiálise e para que ela servia. Passados os dias, eu me familiarizava com algumas enfermeiras, que sorriam e tentavam me alegrar. Eu só conseguia mexer os olhos e, com o tempo, um pouco os braços. Ainda não me era possível sorrir, mas, de certa forma, às vezes achava graça de algumas delas. Às segundas-feiras, chegavam contando histórias sobre o fim de semana, aonde haviam ido e o que tinham feito — o que era ótimo, pois me lembravam de que existia vida do lado de fora daquele boxe.

Meu pensamento ainda era um pouco embotado e eu não me lembrava com precisão de como era a minha vida, mas em nenhum momento me acomodei: eu queria estar de pé e fora dali. Naquele momento, isso era um feito inimaginável, tamanho era o peso de todo o meu corpo e dada a minha fraqueza muscular. Eu me imaginava levantando e saindo, mas estava presa em um corpo que não obedecia aos comandos da minha mente.

Lembro-me de que meu primeiro movimento, que me trouxe uma sensação incrível de autonomia, foi quando, com muita dificuldade, consegui levantar um dos braços e tocar a outra mão para puxar o oxímetro (instrumento que determina a saturação de oxigênio) que ficava preso ao meu dedo e me incomodava bastante. Aquele foi meu primeiro gesto após meses de total imobilidade. Consegui, depois de muito esforço, puxar e jogar o instrumento ao chão. Os aparelhos sinalizaram que eu o havia removido e logo alguém veio para recolocá-lo. Com isso, percebi o que poderia fazer para ter companhia. Eu passava o oxímetro de uma mão para a outra, muito devagar e com uma dificuldade imensa. Pode parecer algo insignificante, mas, para mim, naquelas ocasiões, me fazia sentir como se estivesse rompendo limites. Aquele pequeno movimento me fez sentir viva.

Minha família percebeu que eu estava consciente. Paradoxalmente, essa foi uma percepção que trouxe muita alegria, mas também angústia, uma vez que eles ficavam aflitos para saber o que eu estava pensando. Por isso, me faziam muitas perguntas, mas a mim era impossível falar, por causa da traqueostomia. Eu não conseguia fazer expressões faciais, o que me permitiria mover os lábios e simular a fala sem som. Meus braços se mexiam muito pouco, e a musculatura das minhas mãos tinha encurtado, o que deixava meus dedos em forma de garras. Meu pescoço não tinha forças para balançar a cabeça, e, com isso, eu não conseguia acenar nem que *sim* nem que *não*. Então só me restava fazer uma coisa.

Chorar.

E por muitos dias eu segui assim. Diariamente, um pouco antes das três horas da tarde, as enfermeiras vinham trocar minhas fraldas e me arrumar para o horário de visitas. O leito subia, fios se moviam para cá e para lá, e elas ajeitavam meu cabelo, às vezes com tranças e *chuquinhas*. Também passavam cremes na minha pele e arrumavam os lençóis e a camisola. Eu parecia uma boneca, pois, inerte, só podia deixá-las me virar para um lado e para o outro. Quando todo aquele ritual terminava, eu ficava quase sentada, de frente para a entrada, à espera dos visitantes, que viriam a qualquer momento. Então as enfermeiras abriam a cortina e diziam que minha família e meus amigos estavam chegando.

Até hoje a lembrança desses momentos causa em mim certa euforia, porque eles eram tudo para mim. Os visitantes chegavam sempre arrumados e sorridentes. Minha mãe vinha todos os dias, junto com meu marido, Patrícia e, às vezes, meu irmão Marcelo. Bruno e minhas irmãs já tinham ido muitas vezes, enquanto eu estava inconsciente. Por causa da insônia da madrugada e dos medicamentos diurnos, eu não tinha controle sobre o sono e, muitas vezes, relaxava quando eles estavam por perto. Com isso, acabava dormindo sem querer e, quando acordava, eles não estavam mais lá. Era muito difícil para mim saber que havia perdido aqueles instantes tão esperados; isso me deixava frustrada e triste. Eu pensava: "Não acredito que dormi e perdi as únicas duas horas de visita do dia! E eles foram embora sem se despedir de mim!". Então voltava aquele vazio que dava início a uma nova espera pelos ponteiros do relógio. Quando o dia seguinte começava, eu me punha novamente a esperar, ansiosa, pelo horário da visita, até que aquelas horas intermináveis passavam e, por um pouco de tempo, eu tinha a companhia daqueles que entendiam o meu olhar.

Apesar de ter saído do coma e estar, aos poucos, voltando à realidade, eu ainda estava em uma situação terrível, lutando contra bactérias, mantida com respiração artificial, tendo os rins paralisados e o abdômen aberto. Eu conseguia perceber a mudança que havia acontecido em cada uma daquelas pessoas durante os dias terríveis em que estive em coma, além do cuidado e do amor que elas demonstravam por mim. Com frequência eu as ouvia dizer: "Bi, você não faz ideia da quantidade de gente que está orando por você. Existe um movimento no Brasil todo por sua causa". E era verdade: eu realmente não tinha a menor ideia daquilo que Deus estava fazendo, nem do exército que ele havia levantado para orar por mim. Embora minha mente não estivesse mais presa no universo dos sonhos, eu continuava presa no CTI, que é uma espécie de realidade paralela, onde não há passado nem futuro: cada minuto é um desafio e a luta pela vida é a rotina de todos os dias.

Aos poucos, foram me relatando o que havia acontecido comigo, poupando-me de muitos detalhes. A noção de que eu havia passado tanto tempo ali e a sensação que experimentei nos dias em que já estava acordada, sempre na mesma posição, me levavam a pensar coisas como: "Estou há semanas sem comer. Como é possível eu não ter morrido de fome?" e "Estou há meses sem escovar os dentes. O que vai acontecer comigo?". Eu tinha esses pensamentos em silêncio e chorava. Minha mãe perguntava: "Por que você está chorando? Você está sentindo alguma dor?" e então apontava para cada parte do meu corpo, indagando: "Dói aqui? Dói aqui?". Mas eu não tinha como explicar a ela que a dor que eu sentia era na alma, por estar presa em um corpo praticamente imóvel, sem poder falar e sem a mínima expectativa de retorno à vida normal.

Tudo o que me restava fazer era chorar e confiar em Deus.

5

QUERO SUCO

Bem-aventurados os que choram,
pois serão consolados.

Mateus 5.4

Finalmente, depois de todo aquele tempo aprisionada em mim mesma, sem conseguir externar o que estava pensando ou sentindo, consegui estabelecer minha primeira forma de comunicação com o mundo exterior. Depois de muito esforço e muitos fracassos, encontrei forças para levantar um dedo. Com aquilo eu queria dizer *sim*. Se balançasse o dedo, significava *não*. Graças a Deus, as pessoas conseguiram entender esse código. Por muitos dias essa foi a minha maneira de dialogar.

Os fisioterapeutas vinham à tarde e movimentavam meus braços, minhas pernas e mãos. A dor que eu sentia era enorme, uma tortura. Eu chorava de dor. Os médicos diziam que aquilo era para o meu bem e que, se não o fizessem, meus membros encurtariam e ficariam deformados. Eu entendia a necessidade dos exercícios, mas eles me causavam imensa dor.

Começaram, então, a tentar retirar aos poucos o respirador, para que eu voltasse a respirar por minhas próprias forças, depois de meses de respiração artificial. Não queira saber o que é isso. Definitivamente, é uma experiência terrível, chega a ser inexplicável. No respirador, a oferta de ar é de 60% a 70% de oxigênio, bombeado diretamente nos pulmões. O ar atmosférico, por sua vez, oferece apenas 21% de oxigênio. Por isso, o "desmame" gera uma sensação de sufocamento. Os médicos diziam que, se eu quisesse sair dali, precisava sair do respirador. Mas bastava o aparelho ser desativado para todo ar ir embora. Nessas horas, eu suava em bicas, tentando, com todas as minhas forças, puxar oxigênio para dentro. Eles começaram a aumentar o tempo em que eu tinha de respirar por conta própria. Desligavam o tubo do meu pescoço, saíam do boxe e eu ficava ali, puxando o ar com uma dificuldade absurda, de olho no relógio e contando os minutos desesperadamente. Eu sentia muita falta de ar, mas não conseguia pedir socorro. Então, com muita dificuldade, quase em desespero, acenava com o antebraço pedindo que voltassem e me devolvessem o respirador.

Esse processo parecia não ter fim e era extremamente doloroso. Por isso, quando eu via alguém que se assemelhasse a um fisioterapeuta, acenava incessantemente para que desse meia-volta. Algumas vezes, eu conseguia, mas, no fundo, sabia que teria de passar por aquilo. Naquele momento, respirar era o meu maior desafio. Foi quando, em meio àqueles instantes de sofrimento, descobri um macete que me ajudou a atravessar tais exercícios: se eu me imaginasse bebendo alguma coisa, isso me acalmava. Então eu fantasiava o que queria beber e passava horas imaginando sabores, texturas e temperaturas; ia de sucos de fruta a água de coco, passando por refrigerantes.

Foi quando a psicóloga teve a ideia de me levar um quadro com letras, para tentar fazer que eu as apontasse e, assim, formasse alguma frase. Meu marido aprimorou o quadro, aumentando o tamanho das letras, e o trouxe para mim. Pediram que eu indicasse as letras e tentasse me expressar. Eu tentei. Bem que tentei.

Mas logo percebi que não tinha coordenação para construir nem mesmo uma breve sequência de letras. Por horas as pessoas faziam uma série de perguntas e minhas respostas passavam longe do que eu queria dizer. Aquilo me fazia chorar muito. Até que, um dia, com muita dificuldade, ergui a mão e consegui juntar algumas letras. Foi quando formei a frase:

Quero suco.

De tudo o que eles pudessem supor que eu diria, certamente aquilo foi uma surpresa. Minha mãe e as enfermeiras reagiram com sorrisos e indagaram: "Como assim você quer suco? Quer suco de quê?". Exultante, comecei a apontar o nome de todos os sucos que eu vinha bebendo nos últimos dias, por horas e horas, naqueles exercícios de imaginação que aliviavam a secura de lábios que não viam um gole de água havia mais de setenta dias. Pegaram, então, uma gaze e molharam a minha boca, o que já proporcionava um pouco de alívio. Mas engolir algo ainda era um sonho distante.

Na primeira vez em que Fernanda Brum me viu acordada, ela ficou tão empolgada que decidiu criar uma maneira de se comunicar comigo, pois não sabia do código dos dedos (e nem sempre ele funcionava). Ela me pediu para piscar uma vez caso a resposta fosse *sim* e duas vezes caso fosse *não*. Quando minha amiga percebeu que havia conseguido, começou a perguntar muitas coisas, para saber o que eu estava pensando. Comecei a chorar muito. A cada nova vez que ela ia me visitar, repetia: "Não desista, clame pelo sangue de Jesus. Ele vai te curar". Eu não respondia nada; apenas ficava olhando para ela, chorava muito e tornava-me agitada a ponto de as pessoas terem de se afastar, para que eu ouvisse música e me acalmasse. Houve uma vez em que Fernanda teve a impressão de que eu queria falar algo; por isso, pegaram o quadro de letras. Em vez de ajudar, aquilo me deixou muito irritada, pois é frustrante ver as pessoas tentando, vez após vez, adivinhar o que se passa na sua mente, e você, imóvel, não conseguir explicar que nada do que elas falam chega perto do que você de fato pretende dizer.

Os dias se passavam e fui adquirindo uma lucidez muito próxima da normal. Se, por um lado, isso era bom, por outro tornava cada dia mais difícil suportar a imobilidade e a total dependência. Eu precisava de um milagre — mais um —, pois não suportava mais estar ali. Durante suas visitas, minha mãe e meu marido me massageavam e abanavam, faziam de tudo para tentar me fazer relaxar. Por algumas horas eu tinha companhia, pessoas com quem "conversar". Era maravilhoso.

Junto com a lucidez, comecei a tomar um choque de realidade. Certo dia, levaram um *notebook* e disseram que queriam me mostrar um vídeo. Observei atentamente a tela e, de repente, apareceram meu irmão Bruno com sua esposa e seu dois filhos gêmeos. No vídeo, eles oravam por mim, dançavam para mim e diziam que queriam me ver fora do hospital. Também diziam que haviam escrito uma carta que seria lida para mim naquele momento. Não consegui assistir até o fim. Era emoção demais e comecei a chorar muito. A realidade me era muito dura e eu precisava concebê-la em doses homeopáticas. As pessoas perceberam isso e começaram a me dizer bem aos poucos o que havia acontecido comigo. "Bi, você teve duas paradas cardíacas", me disseram um dia. Deixaram passar um tempo antes de me contar: "Você passou por uma cirurgia no pulmão, porque teve um edema pulmonar". Assim, eu fiquei sabendo dos fatos paulatinamente.

Todos os dias, o dr. Rômulo Coelho vinha fazer curativos em meu abdômen, onde havia uma gastrostomia (fístula gástrica, aberta mediante cirurgia, com a finalidade de introduzir alimentos no estômago ou esvaziá-lo) e outras duas grandes fístulas. Eu não sabia disso, pois não me deixavam ver. Eu gostava muito quando ele chegava, porque me fazia sentir paz e confiança. Algo naquele homem era diferente, mas eu não sabia o que era. Então, certa vez, ele me disse: "Bianca, eu sou pastor e minha igreja está orando muito por você. Existe uma guerra pela sua vida!". Naquele momento, o cuidado minucioso de Deus se revelou a mim, quando me dei conta de que as mãos que ele havia escolhido para me operar eram as de um pastor. Em seguida, ele me perguntou: "Você está orando?". Eu acenei negativamente com o dedo, pois, naquele período, não conseguia orar. Meus pensamentos ainda não coordenavam as ideias com exatidão e eu não tinha conhecimento suficiente do contexto em que me encontrava para organizar uma oração. Mas, naquele instante, percebi que precisava orar. Aquilo ficou na minha mente, por isso passei a repetir em pensamento: "Espírito Santo, fica comigo". Hoje sei que o Espírito zelou cuidadosamente por mim.

Naquela época, eu recebia diariamente a visita de enfermeiras de outros lugares, além de instrumentadores do centro cirúrgico que vinham ver como eu estava. Quando as enfermeiras saíam de folga, elas ligavam de casa para saber como eu tinha passado a noite. Por algum motivo, todos tinham um amor muito grande por mim. Eu não podia fazer nada por eles, nem mesmo havia me esforçado por conquistá-los. Era um amor que vinha diretamente de Deus. Todos os dias, um rapaz desconhecido, trajando uma roupa que parecia ser de equipe de manutenção, se aproximava do meu leito e perguntava: "Posso orar pela senhora?". Eu assentia. Então, ele fechava os olhos e começava a falar com Deus, pedindo pela minha cura. Em seguida, o moço terminava a oração e se despedia, sorrindo. No dia seguinte, no mesmo horário, ele aparecia novamente. Tempos depois, já plenamente restabelecida, voltei àquele hospital, a fim de gravar um documentário sobre a minha história, e procurei saber quem era aquele rapaz. Descobri que se chamava Anderson e era o maqueiro do CTI onde fiquei. Na ocasião, pedi que o chamassem e, quando ele chegou, eu lhe disse:

— Oi, você se lembra de mim?

— Não, senhora — respondeu.

— Eu sou a Bianca Toledo.

Com uma expressão de espanto, ele falou:

— Não, esse era o nome de uma moça quase morta que eu visitava no CTI2.

— Sou eu mesma, Anderson. Jesus me curou.

Emocionado, ele começou a chorar. Em seguida, explicou que nunca tinha orado por nenhum paciente naquele hospital, mas afirmou que sentira muita vontade de orar por mim e atribuiu isso a um mover de Deus. Contou que, sempre que me levava para a sala de cirurgia, ia falando em meu ouvido que o Senhor estava comigo. Ao final da nossa conversa naquele reencontro, ele disse, em lágrimas:

— Não posso acreditar que você sobreviveu e hoje está aqui falando comigo! Eu sempre pedi a Deus que me usasse para algo importante.

Ao que respondi:

— Anderson, o que você fez em secreto será honrado publicamente. Obrigada por tudo!

Tudo isso mostra que existiu um mover inexplicável ao meu redor, algo que envolveu pessoas que intercederam por mim sem que eu tivesse tomado conhecimento. Isso revela um poder invisível regido pelo amor.

Meus parentes afixaram muitas fotos nas paredes do boxe, inclusive de eu cantando e do José Vittorio. De certo modo, por alguma razão emocional muito difícil de explicar, eu não queria criar uma conexão com ele, por conta de todas aquelas circunstâncias. Confesso que olhava pouco para aquelas fotos, porque a realidade nelas revelada não existia para mim. Aquele boxe era meu universo. Por estranho que possa soar, a verdade é que, para mim, naquele período, não existia antes nem depois — aquela realidade era tudo o que eu tinha e podia suportar. Certo dia, o clínico geral aproximou-se do leito e perguntou: "Bianca, você gostaria que a gente trouxesse seu filho para você conhecer?". Fiquei olhando fixamente para ele e não respondi de imediato. Era algo que eu ainda precisava processar. Fiquei pensando por alguns minutos, imaginando o tamanho da dor que sentiria se o visse de longe e, depois, o visse ir embora. Assim, tomei uma decisão difícil, mas que era a única que meu estado emocional me permitia naquela ocasião: acenei com o dedo, negativamente. Eu não queria vê-lo naquele momento.

Todos que iam me visitar se impressionavam ao me ver daquela forma, e muitos não continham as lágrimas. Minha aparência e meu diagnóstico eram um verdadeiro desafio de fé. Meus parentes me preservaram o máximo que puderam, pois, apesar dos avanços, o meu quadro ainda era gravíssimo, e eles sabiam que eu não gostaria de ser vista por todos. Foram poucos os amigos que receberam autorização de estar comigo. As pessoas sabiam que eu estava lúcida, mas não sabiam qual era meu grau de consciência, o que as afligia. Eu queria escrever, mas não tinha forças nem para segurar o lápis.

Àquela altura, todos no hospital já sabiam quem eu era e a aflição os contagiava. Ninguém podia fazer nada; era preciso esperar para ver se eu reagiria. Mas a verdade é que um milagre já havia acontecido, pois eu estava viva havia três meses desde que entrei em coma, quando me haviam dado 48 horas de vida. Minha mãe ficava triste pelo fato de o tempo de visita ser tão curto, pois sentia muitas saudades de mim. Por isso, ela ficava do lado de fora do hospital por horas a fio, olhando para a janela do quarto onde eu estava.

Meu estado mental ainda era muito confuso. Eu não tinha senso de passado ou de futuro e não me lembrava dos amigos até que eles aparecessem ali. Ficava claro para mim o choque das pessoas ao me ver, o que, de certo modo, me confundia ainda mais, pois até então eu não havia me olhado em um espelho e não podia imaginar minha imagem naquele momento. Quando amigos choravam ao me encontrar, eu me comovia e chorava junto. O pastor Josué relembra: "Eventualmente, percebíamos certa melhora, pois, quando falávamos, ela se concentrava em nossas palavras e, por vezes, gotas de lágrimas corriam pelo canto de seus olhos. No entanto, ela ainda não dizia nada e conseguia fazer apenas uns poucos movimentos. Sua cura ainda era uma incógnita".

Começaram, então, a tentar me situar no tempo e no espaço, dizendo-me o dia da semana e do mês em que estávamos. Foi quando me dei conta de que o Natal estava chegando. Eu já estava acordada havia cerca de um mês, mas permanecia exatamente na mesma posição. Comecei a imaginar como seria o Natal de todos ali e confesso que chegou a passar pela minha cabeça pensamentos de alguém me levando um presente. No dia 24 de dezembro, vi uma pessoa chegar em um horário diferente do permitido para visitas. De longe pude ver que era o pastor Josué. Apesar de ele ter orado tantas e tantas vezes por mim enquanto eu estava em coma, era a primeira vez que eu o via. Assim que ele começou a lavar as mãos, na entrada do CTI, passei a emitir sons de emoção indecifráveis, consegui sorrir, acenei com o único antebraço que era capaz de mexer e, de certa forma, me movi para a frente na cama. As enfermeiras começaram a sorrir e dizer: "Bianca, seu pastor chegou e veio ver você". Ele ficou emocionado por ver que eu o havia reconhecido, e me senti honrada em recebê-lo na véspera do Natal. "Na verdade, quem estava mais emocionado e nervoso era eu, por ver que Bianca estava extremamente viva e com percepção aguçada de tudo em seu entorno", ele conta. O pastor Josué segurou minha mão com muito carinho, conversou comigo, abriu a Bíblia e leu uma passagem natalina. Aquela palavra falou ao meu coração, e, depois que meu pastor foi embora, fiquei refletindo sobre o que ele havia dito. "Não tive como conter as lágrimas ao sair dali. Afinal, eu estava vendo que a oração da fé havia funcionado! Ela estava mais que viva a cada dia. Deus, definitivamente, havia feito um milagre em meio à intercessão de um povo", emociona-se Josué ao se lembrar daquele dia.

Meus familiares foram me ver e percebi que quiseram disfarçar a data para que eu não ficasse mais triste ainda pelo fato de estar ali em uma ocasião tão especial, longe do meu filho e do convívio social. Assim que eles foram embora, eu fiquei sozinha novamente, triste e solitária. Mas Deus tinha reservado mais um momento especial para mim naquela noite, por meio da enfermeira Grasiela Mesquita. Em um CTI, pouca coisa faz lembrar que é Natal. Os alarmes não param de tocar, ninguém usa roupa de festa nem sapato bonito. As saudades da família assolam pacientes e equipe médica. Grasiela veio, então, até mim e ficou ao meu lado. Segurou minha mão e me disse: "Hoje, na noite de Natal, você é minha família. Entrego a Deus, neste momento, a minha prece. Não peço nada para mim: se eu merecer um presente, que seja sua vida, sua saúde de volta". Em seguida, oramos o pai-nosso, Grasiela com palavras e eu; com o olhar. E choramos.

Depois de tantos meses na mesma posição, no mesmo leito, entre as mesmas paredes, ouvindo os mesmos ruídos, eu já não suportava mais. Sempre que me entregavam o quadro com as letras, eu formava a frase:

Quero ir para o quarto! Quero ir embora!

Era um desejo impossível naquele momento. Meus rins estavam completamente paralisados, eu ainda lutava contra infecções e dependia de um respirador. Não fazia ideia do tamanho da ferida em meu abdômen, tampouco imaginava como poderia sair dali, visto que nem me mover eu conseguia. Os médicos diziam que haviam feito de tudo e que era preciso esperar.

6

Oi, mãe!

Certamente ele tomou sobre si as nossas enfermidades e sobre si levou as nossas doenças; contudo nós o consideramos castigado por Deus, por Deus atingido e afligido. Mas ele foi transpassado por causa das nossas transgressões, foi esmagado por causa de nossas iniquidades; o castigo que nos trouxe paz estava sobre ele, e pelas suas feridas fomos curados.

Isaías 53.4-5

Diante da minha insistência, minha família decidiu que eu deveria ser transferida, para que meu estado emocional melhorasse. No dia 30 de dezembro, no horário de visitas, me deram a notícia: no dia seguinte eu estaria em outro hospital, rodeada por uma floresta com muito verde. "Até uns macaquinhos você vai ver da janela", brincaram. Parecia que eles estavam falando algo de outro planeta, porque não havia janelas no CTI onde eu estava, apesar de ser o hospital mais moderno da cidade. Eu não via o céu havia muito tempo.

Na véspera de ano-novo chegou toda a equipe da ambulância. Minha expectativa era enorme. Transferir uma paciente como eu certamente não era uma tarefa fácil. Eu estava pesada, imóvel, cheia de tubos e fios. Lembro-me de que testaram vários tipos de respiradores, mas nenhum funcionou. Por isso, tiveram de me levar sem respiração artificial, o que me fez experimentar aquela terrível sensação de sufocamento por mais de vinte quilômetros, até chegar ao novo hospital. Mas, por pior que eu estivesse, minha sensação era de aventura.

Assim que chegamos, entrei direto pela emergência e subi para o CTI. Ao contrário do que imaginava, a princípio não vi nada de verde, muito menos de macaquinhos. Fui colocada em um boxe como o do hospital anterior, de frente para um corredor onde eu não via ninguém passar. Imediatamente senti que faltava algo sem o qual eu não poderia ficar: o relógio. Pode parecer uma coisa sem importância, mas eram os ponteiros que me situavam na realidade. Por isso, assim que meus familiares subiram, comecei a balançar o braço, agitada, pedindo a Deus que entendessem que eu queria dizer algo. Começou, então, a sequência de tentativas de adivinhação. Eu sempre torcia para que não desistissem de tentar me entender. Até que tiveram a ideia de pegar a plaquinha de letras, e eu indiquei: *relógio*.

Eles não sabiam que o relógio era minha companhia no outro CTI e se surpreenderam com meu pedido. Eram dez horas da noite quando saíram pela cidade atrás de um relógio grande, que eu pudesse enxergar. Depois de algumas horas, chegaram com o meu presente de Natal atrasado. Senti um grande alívio. Agora ele era digital e também mostrava o dia da semana e do mês. Era muita informação — e aquilo era ótimo.

Assim que 2011 começou, fui transferida para um boxe com janela. Não dava para acreditar: eu agora tinha a vista do morro Dois Irmãos, que separa os bairros de Leblon e São Conrado. Eu passei a ver o sol nascer e a contemplar a floresta ao redor da clínica. Conseguia até mesmo ouvir os pássaros cantarem perto da janela. Apesar de ainda estar em estado gravíssimo, algo sinalizava que um novo tempo havia chegado.

Alguns dias depois, assim que os médicos tiraram os medicamentos para troca dos cateteres, meu organismo começou a reagir. Tudo era novo: a equipe, as enfermeiras, os médicos. Eu era novidade no hospital e tudo era diferente para mim. A realidade é que eu sentia falta das enfermeiras que me tratavam com tanta intimidade e carinho, mas, com o tempo, comecei a fazer amigos ali. Na semana seguinte, um médico chegou ao quarto e disse: "Bianca, vamos sentar?". Eu gritava em pensamento: "Sim! Sim!". Logo chegou o horário de visitas, e uma amiga e irmã da igreja, chamada Scheilla, foi me visitar e cortar as minhas unhas. Foi quando os enfermeiros chegaram, pegaram o lençol pelos lados e me ergueram, para me colocar na cadeira. Meu corpo inteiro ficou anestesiado, pois, depois de mais de três meses deitada, eu não sabia mais sentar. Mais do que isso: o meu olhar era perdido, eu ainda estava no respirador e não tinha equilíbrio nem força.

Nos dias seguintes, a fisioterapia passou a ser feita de forma intensa, e meus braços e minhas pernas começaram a se mover um pouco mais. Foi quando a notícia de que eu sonhava que estava tomando sucos correu pelo hospital, e me fizeram uma surpresa. Eu soube que a fonoaudióloga me daria cinco mililitros de suco de melancia. Não dava para acreditar! Eu estava prestes a engolir alguma coisa! E ainda mais um suco! Mas a verdade é que, apesar da excelente notícia, que me fazia sentir viva novamente, eu tinha muito medo de engasgar.

Aos poucos, barreira após barreira ia sendo superada. A infecção começou a ser vencida. Muitas técnicas de drenagem e cicatrização eram aplicadas no meu abdômen. Tentaram trocar a cânula da minha traqueostomia, para que eu pudesse falar, mas não foi possível pela presença de um granuloma (massa ou nódulo de tecido cronicamente inflamado, associado a um processo infeccioso). Eu estava me livrando do respirador, mas continuava em silêncio. Depois da prova da transferência na ambulância, acredito que meus pulmões perceberam que podiam reagir. Assim, a obra de Deus se tornava, pouco a pouco, completa. Era final de janeiro.

Certo dia chegou um enfermeiro e disse: "Bianca vamos dar um passeio hoje? Vamos à varanda do hospital? O dia está lindo e você verá os pássaros". Não sei explicar o que senti. Retirar-me do leito não foi fácil e, pela primeira vez, eu me sentava em uma cadeira de rodas especial, com apoio para a cabeça. Saí do CTI sentada e pude, enfim, olhar as pessoas de frente. Quando cheguei à varanda, vi as árvores e os pássaros. Conversaram um pouco comigo, na tentativa de me descontrair, mas eu estava muito tensa com a novidade e logo demonstrei que queria retornar para o leito.

Algo que me chama a atenção quando olho em retrospectiva para o meu período de convalescença é a manifestação de fé que envolveu todos os que estiveram ao meu lado ou que me apoiaram e oraram por mim. Essa grande segurança quanto à minha recuperação mostra claramente que Deus estava agindo, porque o ser humano é incapaz de ter fé pelo simples exercício da razão. Fé é um dom de Deus, baseado na certeza gerada pelo Espírito, na convicção de fatos que não podem ser vistos. Assim, fé é uma atitude espiritual regida por verdades eternas, e não por circunstâncias. Em termos bíblicos "a fé é a certeza daquilo que esperamos e a prova das coisas que não vemos" (Hb 11.1) e "Sem fé é impossível agradar a Deus, pois quem dele se aproxima precisa crer que ele existe e que recompensa aqueles que o buscam"

(Hb 11.6). A fé demonstrada por minha família e meus pastores me impressionou muito, pois eles foram tomados por uma convicção gerada por Deus de que a cura me alcançaria, ainda que não houvesse resposta ou possibilidade visível. Eu ainda fazia seis horas diárias de hemodiálise e, naquele momento em especial, era fundamental manter a certeza de que o Senhor iria até o fim em sua obra de restauração da minha vida.

Quinze dias depois, deixei o CTI e fui transferida para a unidade de terapia semi-intensiva. A quantidade de fotografias coladas na parede aumentava. Sempre chegavam novas imagens do Vittorio, além de vídeos que mostravam episódios variados de sua vida durante aqueles dias: suas visitas ao médico, banhos e o soninho. O novo ambiente possibilitava que, ao meu redor, houvesse algum tipo de atividade antes impossível, como a visita de irmãos da igreja que chegavam de violão em punho, para cantar e orar por mim. Além disso, a presença da família passou a ser mais constante.

Em vinte dias tiraram o respirador, mas eu ainda estava traqueostomizada. A secreção que saía da traqueia era muito frequente, e a sensação era terrível. Minha respiração provocava um ruído muito alto e eu tinha a sensação de que ia engasgar. Agora eu tinha à disposição uma campainha para chamar o pessoal de plantão — um prêmio, depois de tantos meses dependendo de que alguém visse meu pequeno movimento de braço. A campainha me possibilitava, por exemplo, chamar as fisioterapeutas para que limpassem regularmente o local da traqueostomia. Elas me repreendiam, com medo de me machucar por realizar o procedimento com tanta frequência, mas eu não suportava aquilo. Também foram aumentando gradativamente a quantidade de suco que eu ingeria: primeiro passando para dez mililitros e, depois, para vinte. Afinal, e para meu deleite, começaram a me dar papinhas de fruta. O horário dos exercícios de fonoaudiologia passou a ser o melhor momento do dia, porque me davam papinhas de fruta para aprender a deglutir de novo. Eu estava havia mais de quatro meses sem comer ou beber nada, por isso aguardava aquele momento ansiosamente. Aos poucos, minha cor voltava ao normal, embora os medicamentos ainda me alterassem muito, física e mentalmente. Eu não comia nada sólido e estava extremamente debilitada.

Eu avançava também no processo de comunicação e, naquela fase, já balançava o pescoço, fazendo *sim* e *não* com a cabeça. Certo dia, fui informada de que à cânula da traqueostomia seria acoplada uma peça cuja abertura, quando fechada por um dos meus dedos, me permitiria emitir algum som. Eu não fazia ideia de que tipo de som poderia sair. Então posicionei um dedo no local indicado e soltei um "Aaaaaaa...". Era uma voz robótica, muito estranha. Eu não conseguia articular palavra nenhuma. Foi quando minha mãe chegou para o horário da visita e eu quis surpreendê-la. Ela não sabia da novidade; então, com a utilização do aparelho, eu disse:

— Oi, mãe!

Ela começou a chorar. Aquela não era a minha voz, mas não importava. Eu estava em silêncio havia muito tempo, e qualquer som era — literalmente — uma bênção de Deus.

Eu já tinha uma ideia um pouco mais completa do que havia acontecido comigo, mas ainda eram informações apenas superficiais. Ouvir tudo aquilo me fazia mal; então tentavam me poupar. Até aquele instante, eu realmente não tinha parado para pensar na minha aparência. Certo dia, decidiram me levar um espelho, para que eu me visse. Quando meus olhos encontraram o reflexo, sofri um grande choque. Eu estava sem cabelo, desnutrida e com a pele ainda escura, diferente. Tinha uma sonda saindo do meu nariz e uma cânula na traqueia, além de muitos outros fios e acessos de hemodiálise no pescoço. Era nítido que algo muito terrível havia acontecido comigo. Aquela moça no espelho não poderia ser eu; certamente era outra pessoa.

Naquele período, eu já conseguia orar. O que eu mais pedia a Deus era que completasse a obra que havia começado em mim. Houve momentos em que fui cheia do Espírito Santo, como uma vez em que o Senhor me fez entender que me restauraria por completo, para que eu dissesse ao mundo inteiro o que ele fez por mim. Passei a madrugada inteira glorificando a Deus e a presença divina tomou o local em que eu estava.

Com 35 dias no novo hospital, começaram as tentativas de me pôr em pé. Era inimaginável para mim voltar a andar, até porque não dá para descrever quão mal eu me sentia quando ficava na vertical. Era preciso que duas pessoas me amparassem, e mesmo assim eu suportava ficar sobre as próprias pernas por apenas alguns segundos. Chegou, enfim, o dia de tirar a cânula da traqueostomia e, em seguida, a sonda nasogástrica. Mas uma notícia muito ruim logo entristeceu a todos: o médico responsável disse que rins paralisados por um período de quatro meses não voltam a funcionar. Por isso, ele havia agendado a colocação de um cateter permanente, para hemodiálise definitiva. Pacientes nessa situação têm de se submeter a hemodiálise para o resto da vida ou, então, realizar um transplante de rins. Naquela época, eu bebia muita água e sucos e ingeria papinhas. Para surpresa geral, inesperadamente comecei a urinar. Sim, a atividade de meus rins começou a se restabelecer. Com isso, cancelaram a instalação do cateter permanente e resolveram esperar para ver se realmente a função se normalizaria. Eu exultei ao ouvir o infectologista dizer que, apesar de cético, precisava admitir que "alguém" o estava ajudando no meu caso, porque o progresso era incrível.

Enfim, em fevereiro, fui liberada do CTI e, finalmente, transferiram-me para um quarto. Com isso, eu estava liberta dos fios e apitos que me acompanharam por tanto tempo. Ganhei filmes para assistir e passei a ter a companhia do meu marido, que dormia no quarto comigo. Não estar mais sozinha era maravilhoso. Eu, ainda que sussurrando, conseguia me comunicar e dizer como me sentia. Fernanda Brum queria me visitar, e por isso telefonou para saber se eu gostaria que ela levasse algo. Meu marido disse a ela que alguém queria falar ao aparelho. Quando ele me passou o telefone, eu disse com voz muito baixa e rouca:

— Oi.

Todos no escritório dela começaram a gritar, comemorando. Ela me perguntou o que eu gostaria de comer e respondi que queria um abacate, sem saber que ela teria de rodar muito atrás de um abacate maduro. Quando ela chegou, começou a contar todos os milagres de uma vez só, mas saber daquilo tudo como uma avalanche me fez muito mal e tive de pedir que ela parasse de falar. Naquele dia, Fernanda me disse que tinha certeza de que eu voltaria a andar e a cantar. Foi quando comecei a ouvir relatos e testemunhos daquilo que Deus havia feito na vida de muitas pessoas que acompanhavam a minha história e oravam por mim. Permitiram, enfim, que eu tivesse acesso à internet e pude ler *e-mails* de centenas de pessoas que falavam como se me conhecessem e demonstravam um amor sem igual por mim.

É o caso de Patrícia Martins, que citei no capítulo 3. Patrícia é uma irmã em Cristo até então desconhecida por mim. Seu relato me emociona por me fazer notar que, de fato, todo o meu sofrimento gerou frutos na vida de muitas pessoas. Ela conta que, desde que soube do meu caso, foi tocada por Deus para interceder por mim. "Não havia uma hora do dia que eu passasse sem orar por Bianca. Deus me lembrava dela todo o tempo. Eu mal conseguia trabalhar e chorei de alegria quando vi a primeira mensagem dela no Twitter", lembra. Em fevereiro, ela foi de São Paulo ao Rio de Janeiro a trabalho, com a convicção de que me conheceria pessoalmente. Em seu último dia no Rio, descobriu o hospital em que eu estava e, às oito e meia da manhã, foi até lá, correndo o risco de ser proibida de entrar. Mas ela foi assim mesmo e entrou sem problemas.

Quando chegou à porta do meu quarto, Patrícia viu que as luzes estavam apagadas e notou que eu estava dormindo. Por isso, sentou-se no sofá que ficava no corredor. Passado um tempo, ela percebeu que eu tinha acordado e pediu à enfermeira que me perguntasse se poderia entrar. Pedi à enfermeira que indagasse quem era ela. Patrícia respondeu que era "uma entre milhares de pessoas que Deus tinha levantado para interceder por sua vida e que apenas gostaria de lhe dizer isso". Fiquei feliz em saber disso e autorizei a entrada. Percebi na hora sua emoção, ao ver a prova viva do amor e do poder de Deus ali, diante dela. Ela se desculpou e não se conteve: caiu em lágrimas. Patrícia conta: "Vê-la ali, bem, em vias de ter alta, era tudo pelo que eu tinha orado, era a concretização de um milagre que Deus tinha feito, e eu apenas tive o privilégio de ser usada por ele para participar da intercessão por essa causa. Nem sei se consigo explicar tudo isso, mas a Bianca Toledo foi o instrumento que liberou todo o plano de Deus para a minha vida!".

7

O RETORNO À REALIDADE

Tu me cercas, por trás e pela frente, e pões a tua mão sobre mim. Tal conhecimento é maravilhoso demais e está além do meu alcance; é tão elevado que não o posso atingir. Para onde poderia eu escapar do teu Espírito? Para onde poderia fugir da tua presença? Se eu subir aos céus, lá estás; se eu fizer a minha cama na sepultura, também lá estás. Se eu subir com as asas da alvorada e morar na extremidade do mar, mesmo ali a tua mão direita me guiará e me susterá.

Salmos 139.5-10

Chegou, enfim, o dia tão esperado: 18 de fevereiro de 2011. Recebi alta, depois de 130 dias infindáveis de internação, tendo resistido a uma infecção generalizada e à falência de todos os órgãos, com minha vida mantida por máquinas e meu corpo e rosto completamente deformados, sozinha, agonizando em estado terminal, alternando momentos de lucidez com confusão mental. Eu finalmente voltava para casa. Parecia surreal sair daquele hospital, que, depois de um tempo, passou a ser meu mundo.

Relembrar os tons do céu e ver pessoas nas ruas era assustador. Eu sabia que tinha sido abençoada com um poderoso milagre, porque todos os médicos e enfermeiros que se aproximavam de mim vinham com olhos úmidos e mãos trêmulas. Emocionados por não ter explicações ou não haver literatura médica a respeito de alguém que sobrevivera a tudo o que enfrentei, eles pareciam ainda duvidar do que tinha acontecido. Mesmo assim, não me davam muita esperança quanto à minha recuperação motora ou vocal. Minha aparência era comovente e se assemelhava à de uma sobrevivente de campos de concentração — de uma guerra travada não só por mim, mas por milhares de pessoas que vieram a conhecer a verdade do evangelho ou que avivaram sua fé por meio do milagre que vivi.

Eu ainda estava extremamente debilitada, conseguia dar apenas poucos passos — para deslocamentos maiores, precisava recorrer à cadeira de rodas. Eu não me sentava nem levantava sozinha: todos os movimentos eram muito difíceis e doloridos, por causa do encurtamento muscular. Minha respiração era rápida porque, toda vez que eu tentava encher o peito de ar, doíam as costelas. Minhas mãos doíam muito e tinham uma forma de garra, não abriam nem fechavam. Além disso, emocionalmente eu estava insegura e apreensiva. Sair do hospital provocou muita alegria, mas eu pensava que algo poderia acontecer e, como eu não tinha campainha, ninguém viria me socorrer.

Entrei no carro e, no trajeto para casa, vivi a expectativa de encontrar meu filho pela primeira vez; isso fez meus olhos brilharem, depois de terem se mostrado opacos por tantos meses. Segui de carro por mais de trinta quilômetros, perdida em meus pensamentos, olhando o movimento nas ruas, pensando em como eu viveria com tantas limitações. A verdade é que eu tinha desaprendido de viver, e isso me deixava muito insegura. Caminhar era como um sonho impossível, respirar era um exercício árduo, falar era uma vergonha e um teste de vaidade. Eu estava totalmente incapaz. Chegar à minha casa depois de tantos meses com sentenças diárias de morte foi como voltar a um lugar em que eu já estivera um dia, mas que não era mais meu.

Chegamos ao condomínio em que eu morava e estacionamos o carro. Sentada em uma cadeira de rodas, com os ombros caídos, os membros retraídos, e as emoções espelhadas em um olhar perdido, olhos fundos, era como se eu pudesse me quebrar a qualquer momento. Bianca Toledo era pele e osso. A desnutrição severa e a ausência de cabelos faziam as pessoas no condomínio onde eu morava me fitar com olhar de piedade. Para todos eu era uma mulher idosa, em fase terminal, dispensada pelos médicos para morrer em casa. Eu estava perdida, mas também eufórica. Não tinha ainda uma ideia real de como estava mal; só conseguia pensar que estava viva. Embora pudesse seguir na cadeira de rodas, eu pensei em meu filho e disse:

— Quero tentar ir andando até ele.

Eu morava no primeiro andar e estacionamos perto do elevador. Fui andando muito devagar, apoiada. Ao sair do elevador, do lado de fora do apartamento, ouvi pela primeira vez a voz de José Vittorio. Ele estava chorando. Era o choro de um bebê que disseram ser meu, mas era estranho pensar nisso. Não fazia sentido, não havia instinto materno, não havia saudade. O coma levou embora muitas lembranças do período de gravidez. Era como se eu não estivesse lá quando Vittorio nasceu. Não tive dores de parto, tampouco vi o rosto do meu filho. Eu sabia que ele era meu porque me contaram e recontaram até começar a parecer real. Parada na porta, eu ouvia o choro que ecoava entre aquelas paredes, um som que por meses de gestação desejei saber como seria.

Ultrapassar os umbrais daquela porta era como ser transportada ao mundo de uma Bianca que eu não reconhecia mais.

Sem mãe desde que o tiraram de meu ventre, ele me procurava, parecia incompleto. Vittorio não mamava em meu peito, não contava com olhos atentos de mãe, não era ninado pela voz que tanto cantara para ele enquanto estava em minha barriga. No CTI eu sonhava com ele, com medo e insegura acerca do que sentiria. Muitas vezes, eu sonhara acordada com aquele tão esperado momento.

Mesmo diante da possibilidade de cair, eu precisava tentar ir pé ante pé na direção dele. Cheguei ao centro da sala me arrastando, com passos trêmulos. Todos estavam muito emocionados e, quando a porta foi aberta, entrei lentamente e vi que Vittorio estava em um carrinho de bebê, de frente para a entrada, com uma pequena flor vermelha na mão. Caminhei com muita dificuldade e fiquei olhando para ele, paralisada. Era surreal saber que aquele era meu filho. Todos choravam e sorriam ao mesmo tempo. Minha mãe dizia, entre lágrimas: “Filha, ele foi guardado para você”.

Então ele sorriu para mim. Impossível descrever esse momento. Impossível!

Por ordem médica, eu estava sob restrição de contato. Isso significava que eu não podia tocar em ninguém e vice-versa. Segundo o infectologista, não havia na literatura médica nenhum caso como o meu, em que ele pudesse se basear para orientar como deveria ser minha volta para casa. Nunca ninguém sobrevivera a bactérias tão graves, e ele achava que ainda havia o risco de estarem colonizadas em mim. Por isso, passei quarenta dias isolada. Ou seja, eu não tinha autorização para encostar em José Vittorio. Só me era permitido olhá-lo. Pouco a pouco fui me dando conta de tudo que perdi e isso fez brotar a frustração. Eu via fotos do meu filho ainda bebezinho, na primeira consulta do pediatra, na primeira papinha e nos banhos de sol... Saber que eu não tinha participado de nada daquilo me doía. Nem mesmo amamentá-lo, algo que eu almejara enormemente, pude fazer. Aos poucos comecei a me lembrar da minha gestação e de quanto eu o desejava. Lembrei-me de que um dia fui estéril e Deus me curou. Essas recordações começaram a despertar em mim o amor maternal. Mas Vittorio parecia não precisar de mim, pois ele vivia uma rotina adaptada à minha ausência. Eu ouvia o seu choro no quarto ao lado e logo alguém ia embalar seu sono. Os horários, os remédios, as mamadeiras, as brincadeiras e os passeios aconteciam... Mas eu ficava no meu quarto, quase imóvel, sem fala e sem força. A restrição de toque era difícil demais. Não dá para descrever o que eu sentia vendo a família ao redor dele, brincando, e eu de longe, sem poder encostar no meu filho. Às vezes, eu pedia que me colocassem ao lado do berço e lá eu ficava olhando para ele. Tentava cantar alguma canção, mas, com a voz que eu tinha, só conseguia emitir um sussurro, que não alcançava mais do que duas ou três notas.

Fernanda Brum foi me visitar. Quando chegou ao meu apartamento, me encontrou em uma cadeira vermelha, a única em que eu podia me sentar, por causa da restrição de contato. Ela havia levado pão e vinho para celebrarmos a ceia do Senhor. Fernanda diz: "Era muito grande o poder de Deus quando chegávamos perto de Bianca", a ponto de ela não ter medo de pegar a bactéria e tocar em mim. Em outra vez, ela voltou para me visitar e, quando chegou, eu estava falando baixinho com José Vittorio no quarto. "Acabava comigo vê-la ao lado do berço sem poder tocar o próprio filho. Eu não a deixava perceber, mas me doía muito vê-la olhando-o de longe. Eu queria que ela tivesse contato com ele a todo custo. E eu vi que ele sorria muito para ela e se comunicava com os olhos. Então percebi que eles já tinham uma ligação muito maior do que se ele estivesse no colo. Era algo espiritual", relata.

Nas primeiras semanas em casa, eu era totalmente dependente. Minha voz era apenas um sussurro. Eu usava uma bolsa de colostomia que cobria uma ferida abdominal grande, a qual deixava meu estômago exposto e de onde saía suco gástrico. Os curativos precisavam ser feitos a todo instante. Eu não me deitava em uma cama comum havia cinco meses, por isso não tinha alongamento suficiente para encontrar uma posição que me deixasse completamente na horizontal. Minha família e alguns amigos foram à minha casa me ver. Eu queria muito receber um abraço, mas ninguém podia me tocar.

Os pés caídos e a falta generalizada de musculatura nas pernas e em todo o corpo me mantinham dependente da cadeira de rodas e das fraldas. Por isso, eu passava a maior parte do tempo na cama. Naquele período, eu não tinha vontades ou propósitos. Muitos sentimentos haviam desaparecido. Era como se eu estivesse suspensa, tentando assimilar o que ocorrera enquanto estive em coma. Ouvia as histórias que me contavam, tomava conhecimento das curas e dos milagres e descobria tudo que acontecera dentro e fora de mim. Tudo parecia um filme, uma sequência de fatos sobrenaturais que eu só conhecia das narrativas bíblicas. Uma história cheia de bênçãos, mas que também me tornou irreconhecível e me reduziu a nada. Eu fora desconfigurada.

Bianca Toledo estava sem forma e vazia. Talvez pela primeira vez na vida, eu me encontrava absolutamente pronta para ouvir a voz de Deus.

Durante o período de restrição ao contato, eu era obrigada a ver de longe o meu filho ser alimentado, ninado e acariciado por outras pessoas, e isso feria meu coração. Fisicamente, eu estava em ruínas; emocionalmente, ainda não tinha achado meu lugar. Encontrei toda a casa diferente, minhas roupas estavam embaladas, meus acessórios e bijuterias já tinham escurecido. Era muito estranho ver minhas coisas de novo depois de tantos meses. Estar sem voz e não poder mais cantar era algo que me obrigava a reconstruir minha identidade. Tive de descobrir quem eu sou para além dos talentos e da imagem.

Eu olhava meu corpo e sofria. Ele estava torto, escuro, cheio de marcas que eu não sabia explicar, porque foram formadas durante o coma. Cada cicatriz era uma história de muita dor e a verdade é que eu sentia pena de mim. Durante o coma fui submetida a mais de quinze cirurgias, algumas muito grandes e profundas, além de diversas punções em toda parte. A cicatriz da traqueostomia teve uma aderência de pele que a deixou funda e muito marcada, repuxando a pele e, com isso, dificultando a fala e a deglutição. O som que saía de minha garganta era chamado pelas fonoaudiólogas de "voz de monstro", uma voz fora de possibilidade terapêutica. Sem recuperação.

Ninguém diria que um dia eu fora uma cantora virtuosa. O encurtamento de laringe e a atrofia severa de pregas vocais, por mais de quatro meses sem falar ou deglutir, me deixaram com um sussurro robótico que em nada se parecia com a voz que outrora eu tivera. Quando eu dormia, sonhava que cantava como antes, com voz extensa, aguda, forte e potente. Mas bastava acordar para perceber que nem me virar na cama eu podia, porque a desnutrição me havia deixado sem forças até mesmo para erguer o pescoço. Eu não era mais feminina, não tinha beleza, os cabelos continuavam caindo, as tentativas de falar me envergonhavam. Tentar comer era a certeza de que eu podia errar a localização da boca ou não conseguir segurar os talheres. O peso de um copo de vidro era um desafio para mim. Preferia os de plástico. Eu sentia vergonha, muita vergonha, de mim mesma.

Tudo doía. Eu dependia de todos para tudo, e minha voz não me permitia nem mesmo chamá-los. Eles precisavam prever minha necessidade de ajuda. Esse estado de dependência total me levou à raiva e ao choro muitas vezes. A impaciência de nunca poder fazer o que eu queria e como queria, simplesmente porque não podia, era avassaladora. Até então a perspectiva médica acerca da evolução de meu estado de saúde era bem pessimista — enfrentei muita desesperança científica e a incredulidade de alguns. Tudo o que me restava era a fé, e comecei a me exercitar nela.

Eu e o Espírito Santo de Deus começamos uma jornada juntos. Estávamos unidos pelo amor e eu era aperfeiçoada pela dor.

Eu estava humanamente frágil, mas desfrutava de experiências tão profundas com Deus que podia ver com clareza o poder dele se aprimorando em mim. A convicção gerada pela fé rompe os conceitos da mente, fala direto ao coração e ultrapassa a força da vontade — ela simplesmente cria na mente a imagem de um tempo futuro em que os planos são de paz e não de mal, de nos fazer prosperar e não nos trazer dano algum. Aprendi, assim, a caminhar por fé enquanto ainda nem andava sozinha.

Depois de quarenta dias em casa sem poder encostar no fruto do meu ventre, fui liberada para tocar meu filho. Ele já tinha sete meses de vida. Mesmo sem ter forças para carregá-lo, pude abraçá-lo e deixá-lo ouvir novamente o som do meu coração. Após um mês dependendo de cadeira de rodas, passei a utilizar um andador. Os médicos ficaram muito surpresos com esse progresso rápido, porque a perspectiva deles era que eu só conseguisse ficar em pé depois de um ano. O desafio, porém, era grande para mim, pois os braços estavam fracos demais e eu não conseguia me apoiar neles. Meu medo era não conseguir andar de novo.

Por falar em medo, eu sentia pavor de sair de casa. Ficar enclausurada durante meses em um boxe fez que brotasse em mim uma sensação de pânico toda vez que me via em lugares abertos. Os especialistas consideravam isso normal, dada a intensidade do trauma hospitalar, e diziam que eu precisaria recorrer a medicamentos por muitos anos ainda. Talvez para sempre. Fui levada a um psiquiatra, que me receitou um remédio e disse: "Não deve ser fácil para você saber a forma como as pessoas a olham na rua". Eu tinha saído de um quadro tão grave que me achava próximo da normalidade. Cada mínima conquista era para mim o máximo da superação. Por isso, aquela frase foi como um balde de água fria, visto que me fez perceber que eu estava realmente muito longe da postura e da aparência de uma pessoa saudável.

A depressão começou a bater à porta quando, além de tudo o que estava vivendo, comecei a perceber as demandas financeiras da minha condição. Os compromissos financeiros e os tratamentos muito caros começaram a pesar, e eu não podia mais trabalhar. Sempre fora independente e muito produtiva, mas, daquele jeito, o que seria de mim? O que me segurava era a oração que Deus me ensinara no CTI: "Espírito Santo, fica comigo!". A família começou a reclamar que eu dormia o dia todo. Mas a verdade é que eu não tinha vontade de acordar, porque enfrentar aquela realidade era difícil demais para mim. Aceitar que os fatos fugiam ao meu controle era muito duro, ver a minha casa e o meu filho serem cuidados por outras pessoas, como se eu não estivesse ali, era humilhante. Depender de todos para tudo, inclusive para tomar banho e fazer curativos, me deprimia.

Em meu abdômen havia uma fístula gástrica, uma ferida grande e profunda que expunha parte da mucosa do meu estômago. Dessa fístula saía suco gástrico e uma bolsa de colostomia recolhia litros desse líquido. Eventualmente ela vazava sobre minha barriga e tinha de ser esvaziada e recolocada. Tal dinâmica era muito desgastante, pelo choque de ver essa ferida tão grande e pelas queimaduras que o ácido gástrico causava em minha pele. Um enfermeiro especializado em cuidar desse tipo de ferimento ia semanalmente ao meu apartamento e dizia que, em anos de experiência, nunca tinha visto algo parecido cicatrizar e fechar por completo.

As sequelas motoras apresentadas pelos múltiplos problemas de saúde não foram poucas e a imobilidade no leito as tornou ainda maiores. As atrofias musculares e articulares eram previstas, a perda da massa muscular era notória, o prognóstico foi muito ruim desde o início. Sempre se estimou que a reabilitação motora, em caso de sobrevida, seria longa e as sequelas permanentes seriam muitas, tendo em vista a gravidade do quadro. Segundo a fisioterapeuta Fernanda Bignon, as minhas melhoras foram "inexplicáveis". Ela afirma: "Bianca se mostrou realmente diferente de tudo que se espera de um paciente crítico. Após alta hospitalar, tendo sido iniciado o processo de reabilitação, ela continuou surpreendendo. Retomar suas atividades da vida diária em tão pouco tempo foi realmente surpreendente. A perda do equilíbrio, as atrofias musculotendinoarticulares, a perda de massa e o trofismo muscular, a fraqueza muscular importante, a submissão a uma traqueostomia que demandaria uma demorada reeducação respiratória, disfagia, disartria... tudo contribuía para que a reabilitação fosse lenta e muito dolorosa, com muita incerteza também. Mas, a despeito de tudo, ela andou, falou, cantou e engrandeceu o nome do seu Deus a cada instante em que ele a reabilitava".

Apesar de estar em casa e de não enfrentar mais risco de morte, minha fé era desafiada todos os dias e de diversas maneiras. As limitações me impulsionavam e eu queria romper todas as barreiras, por isso comecei a fazer o curativo sozinha. Queria abrir, olhar, limpar... De alguma forma, eu queria mais autonomia e liberdade, ansiava por ter minha vida de volta de algum modo, mas não sabia por onde começar. Passei a fazer exercícios com mais frequência e os resultados surgiam, sempre superando as expectativas. Enquanto o corpo reagia, a mente tentava fugir de perguntas que insistiam em me assolar: "E se eu não for uma boa mãe? E se Vittorio não gostar de mim? Será que a culpa foi minha?". Minha mente não parava.

Comecei a caminhar pelo apartamento com passos arrastados e sem nenhum equilíbrio. Essa maior mobilidade me permitiu encontrar antigos cadernos, agendas, meu diário e anotações que fizera no passado. Percebi que minha vida nunca fora perfeita. Encontrei uma carta a Deus, que tinha escrito antes de passar mal e entrar em coma. Eu a lia e relia, como registro de uma vida da qual eu não me lembrava mais. Percebi que tinha feito orações muito íntimas ao Senhor, pedindo que mudasse minha vida e me desse uma nova chance de viver os planos que ele tinha para mim. Lembrei-me também de angústias antigas e problemas mal resolvidos que ficaram em minha "outra vida", mas que aos poucos fui percebendo que ainda existiam e não tinham morrido comigo no hospital.

Dei-me conta de que, antes de todo aquele processo, eu estava emocionalmente exausta, pedindo socorro a Deus.

Passei a ler repetidamente as Escrituras e sempre voltava à história de Lázaro.

Havia um homem chamado Lázaro. Ele era de Betânia, do povoado de Maria e de sua irmã Marta. E aconteceu que Lázaro ficou doente. Maria, sua irmã, era a mesma que derramara perfume sobre o Senhor e lhe enxugara os pés com os cabelos. Então as irmãs de Lázaro mandaram dizer a Jesus: "Senhor, aquele a quem amas está doente". Ao ouvir isso, Jesus disse: "Essa doença não acabará em morte; é para a glória de Deus, para que o Filho de Deus seja glorificado por meio dela".

Jesus amava Marta, a irmã dela e Lázaro. No entanto, quando ouviu falar que Lázaro estava doente, ficou mais dois dias onde estava. Depois disse aos seus discípulos: "Vamos voltar para a Judeia". Estes disseram: "Mestre, há pouco os judeus tentaram apedrejar-te, e assim mesmo vais voltar para lá?" Jesus respondeu: "O dia não tem doze horas? Quem anda de dia não tropeça, pois vê a luz deste mundo. Quando anda de noite, tropeça, pois nele não há luz". Depois de dizer isso, prosseguiu dizendo-lhes: "Nosso amigo Lázaro adormeceu, mas vou até lá para acordá-lo". Seus discípulos responderam: "Senhor, se ele dorme, vai melhorar". Jesus tinha falado de sua morte, mas os seus discípulos pensaram que ele estava falando simplesmente do sono. Então lhes disse claramente: "Lázaro morreu, e para o bem de vocês estou contente por não ter estado lá, para que vocês creiam. Mas, vamos até ele". Então Tomé, chamado Dídimo, disse aos outros discípulos: "Vamos também para morrermos com ele".

Ao chegar, Jesus verificou que Lázaro já estava no sepulcro havia quatro dias. Betânia distava cerca de três quilômetros de Jerusalém, e muitos judeus tinham ido visitar Marta e Maria para confortá-las pela perda do irmão.

Quando Marta ouviu que Jesus estava chegando, foi encontrá-lo, mas Maria ficou em casa. Disse Marta a Jesus: "Senhor, se estivesses aqui meu irmão não teria morrido. Mas sei que, mesmo agora,

Deus te dará tudo o que pedires". Disse-lhe Jesus: "O seu irmão vai ressuscitar". Marta respondeu: "Eu sei que ele vai ressuscitar na ressurreição, no último dia". Disse-lhe Jesus: "Eu sou a ressurreição e a vida. Aquele que crê em mim, ainda que morra, viverá; e quem vive e crê em mim não morrerá eternamente. Você crê nisso?" Ela lhe respondeu: "Sim, Senhor, eu tenho crido que tu és o Cristo, o Filho de Deus que devia vir ao mundo". E depois de dizer isso, foi para casa e, chamando à parte Maria, disse-lhe: "O Mestre está aqui e está chamando você". Ao ouvir isso, Maria levantou-se depressa e foi ao encontro dele. Jesus ainda não tinha entrado no povoado, mas estava no lugar onde Marta o encontrara. Quando notaram que ela se levantou depressa e saiu, os judeus, que a estavam confortando em casa, seguiram-na, supondo que ela ia ao sepulcro, para ali chorar.

Chegando ao lugar onde Jesus estava e vendo-o, Maria prostrou-se aos seus pés e disse: "Senhor, se estivesses aqui meu irmão não teria morrido". Ao ver chorando Maria e os judeus que a acompanhavam, Jesus agitou-se no espírito e perturbou-se. "Onde o colocaram?", perguntou ele. "Vem e vê, Senhor", responderam eles. Jesus chorou. Então os judeus disseram: "Vejam como ele o amava!" Mas alguns deles disseram: "Ele, que abriu os olhos do cego, não poderia ter impedido que este homem morresse?"

Jesus, outra vez profundamente comovido, foi até o sepulcro. Era uma gruta com uma pedra colocada à entrada. "Tirem a pedra", disse ele. Disse Marta, irmã do morto: "Senhor, ele já cheira mal, pois já faz quatro dias". Disse-lhe Jesus: "Não lhe falei que, se você cresse, veria a glória de Deus?" Então tiraram a pedra. Jesus olhou para cima e disse: "Pai, eu te agradeço porque me ouviste. Eu sei que sempre me ouves, mas disse isso por causa do povo que está aqui, para que creia que tu me enviaste". Depois de dizer isso, Jesus bradou em alta voz: "Lázaro, venha para fora!" O morto saiu, com as mãos e os pés envolvidos em faixas de linho e o rosto envolto num pano. Disse-lhes Jesus: "Tirem as faixas dele e deixem-no ir". Muitos dos judeus que tinham vindo visitar Maria, vendo o que Jesus fizera, creram nele.

João 11.1-45

Eu lia essa passagem e me pegava imaginando que conflitos Lázaro poderia ter deixado do lado de fora daquela gruta e como ele conseguia forças para enfrentá-los depois de ter voltado à vida. As pessoas elaboravam suas teses a respeito do meu sofrimento e eu tinha de ouvir todo tipo de opinião. Alguns diziam que de alguma forma eu desejara a morte e meu corpo estava comunicando isso quando o intestino rompeu. Outros disseram que, em coma, eu pedira para morrer. Todos que oraram por mim tinham um sentimento ou uma história para contar. Li muitos *e-mails* e, assim, soube de visões a meu respeito — muitas vindas da parte de Deus, outras não. Discernir a voz do Senhor em tudo isso era meu desafio, meu aprendizado. Aprendi, por exemplo, que a verdade sempre virá com confirmações do céu.

Eu já não era aquela Bianca de antes, mas tinha deixado muitas interrogações para trás. Comecei a questionar minhas antigas escolhas, minha velha maneira de viver, minhas percepções, meus sentimentos. Escolhi, no meu silêncio, ouvir a voz de Deus e fui colecionando percepções que me libertavam dos impulsos que queriam me paralisar.

Com fisioterapia intensa e oração, reaprendi a andar. Recuperei todos os movimentos. A fístula abdominal começou a diminuir e a voz se fortaleceu. Em cinco meses, eu estava completamente independente e começava a sonhar com este livro. Mas, antes da minha total restauração física, mal sabia eu que sofreria mais um baque emocional: apesar de ter recebido muito apoio de todas as pessoas de minha família, inclusive de meu marido, os conflitos conjugais tornaram-se muito grandes depois da chegada em casa e antes da reabilitação completa. O fato é que eu estava sozinha. Com isso, meu casamento não resistiu.

Nos primeiros cinco meses após a alta, meu olhar era caído e úmido, de um coração que não queria virar a página. Afinal de contas, a página da construção de uma família é a mais esperada da vida de uma mulher, e eu lutei muito para não ter de virá-la. Mas a situação chegou a um ponto em que se tornou impossível prosseguir no casamento. Minha memória estava em reconstrução. O impacto das lembranças do hospital eram como o trauma pós-guerra de um soldado sobrevivente. Eu experimentava *flashes* de terror, medo e insegurança que, apesar de ocorrerem em frações de segundos, pareciam mais fortes que as lembranças de uma vida inteira.

Eu não me lembrava de muita coisa anterior ao coma, nem mesmo da carta angustiada que havia escrito para Deus um dia antes de ser levada para o hospital.

As pessoas estavam diferentes, e, na minha mente, era como se todas tivessem sido transformadas por aquela história tanto quanto eu. Elas me poupavam de assuntos negativos e pareciam querer cuidar de mim. Eu desejava ter de volta alguma forma de autonomia e me esforçava para sair da cama, mas passar de um cômodo para outro era como uma maratona, com longas pausas. Quando comecei a dar os primeiros passos, apoiada na parede, ainda com as pernas deformadas e pouca força respiratória, encontrei no escritório meu velho diário. Fiquei impressionada com o sofrimento transmitido em algumas orações e textos devocionais que escrevi ao final de minha gestação. Foi quando encontrei a carta para Deus, que havia escrito na véspera de minha internação.

Ler aquele texto mexeu muito comigo. Nele eu pedia socorro e dizia estar disposta a passar pelo que fosse preciso para viver a plena vontade de Deus. Quando li aquilo, eu ainda estava desfigurada, sem cabelos nem voz. Meu quadro era definitivo para os médicos e somente pela fé eu poderia entender a razão de tudo que estava acontecendo.

Eu já estava em casa havia quarenta dias quando o pai do meu filho disse que estava em crise pessoal com o casamento. Fiquei espantada e não me via apta a lidar com algo assim no estado emocional em que me encontrava. Brigas de casal são desgastantes demais, e eu estava sensível e assustada como uma criança. Naquele dia, lembrei-me dos relatos em meu diário e vi que nada tinha mudado. Passei dias chorando. Minhas frequentes sessões de terapia pós-trauma de CTI me acalmavam e me orientavam sobre como lidar com aquele momento tão delicado e difícil. Meu marido já não me via mais como mulher, por causa das deformidades do meu corpo, e foi difícil ouvir isso. As crises aumentaram drasticamente em pouco tempo e, com apenas quatro meses de alta hospitalar, ele deixou a casa e pediu o divórcio.

Deus me ensinara a perdoar e a manter meu coração grato por toda a ajuda que eu recebera no hospital. Esses sentimentos me ajudaram a suportar a rejeição tão dura que sofri naquele momento. A todo tempo me lembrava daquela carta e sabia que Deus, de forma difícil e inexplicável, estava respondendo às minhas orações. Meu desafio era não atrapalhá-lo, algo pelo que minhas deficiências e irrelevância lutavam contra. Doeu muito. Eu fiquei dilacerada. Por muitas noites abriguei os piores sentimentos que uma mulher pode ter em seu coração, mas fui protegida e cuidada por Deus e pelos meus líderes espirituais. A presença do Senhor era meu refúgio e a igreja e os amigos não me deixaram só.

Aquilo que eu mais temia me sobreveio, e de todas as formas. Como superar algo assim? Eu tinha feito planos de uma vida inteira e me dedicado de todas as formas àquilo, mas não podia desistir de viver. Ainda mais em um momento de minha vida em que uma missão se descortinava à minha frente. A maior tragédia emocional, espiritual, social e familiar que existe se chama divórcio. Carnes se partem ao meio, filhos ficam em pedaços. Não é sem motivo que a Bíblia deixa claro que Deus odeia o divórcio: "'Eu odeio o divórcio', diz o SENHOR, o Deus de Israel" (Ml 2.16). O Onipotente conhece os efeitos desse desastre. Mas Deus nunca odeia pessoas; ainda que abomine suas práticas, ele odeia quebras de aliança. O Senhor é eterno, íntegro e fiel e nos fez como extensão de si mesmo.

Acredito que divórcio não tem a ver com um papel assinado ou o distrato de um acordo feito com consciência e seriedade ou em momento de euforia e paixão. O documento é apenas a legalização de um fato. Creio que, embora vivam sob o mesmo teto, muitos casais já estão divorciados porque quebraram o pacto feito no altar. A quebra de aliança é formada por cada um dos atos de um casal, no dia a dia que coopera para esse fim. Egoísmo, vingança, ciúme, adultério, mentira, falta de respeito e orgulho estão entre as tantas coisas que se infiltram em um lar por meio de modelos inadequados, escolhas erradas e falta de temor a Deus.

Mas, a despeito do caos, a solução sempre está em Deus. Tive a chance de repensar minha vida toda quando meus dias passaram diante dos meus olhos. Eu já não tinha função familiar, ministerial ou profissional. Deus me carregou no colo. Só havia uma maneira de prosseguir para o alvo: esquecendo-me das coisas que ficaram para trás. Caminhar um passo de cada vez, com cuidado e sabedoria, para que não precise retroceder. Na multidão de conselhos alcançamos a sabedoria, e insistir em não andar sozinha foi minha melhor decisão naquele momento.

Foi um período em que me agarrei às promessas bíblicas e à fé que Deus semeara em meu coração. A força de uma promessa certamente é maior do que a de qualquer tempestade. E uma promessa precisa do tempo necessário para que a fé floresça — fé que nos alonga os braços para colher frutos, fé que nos alarga o sorriso e nos faz celebrar o pôr do sol antes mesmo do alvorecer, fé que abriga a esperança de cumprir o querer divino. A força das promessas de Deus é maior do que o poder de tudo que se vê, porque todas elas *eram* antes de tudo vir a ser. Eu vivia isso naquele momento. Era como se estivesse debaixo de uma árvore carregada de muitos frutos maduros. Ficar na ponta dos pés e alongar as certezas foi minha maior fisioterapia e, nesse processo, o Senhor me ajudou a manter o equilíbrio. As promessas estavam prontas, logo acima de mim; eu precisava apenas me alongar e me movimentar um pouco. Nada pode ser mais forte do que aquilo que Deus diz. Imagine, por exemplo, o que acontece com sua fé quando você assume verdades como esta promessa: "Desde os dias mais antigos eu o sou. Não há quem possa livrar alguém de minha mão. Agindo eu, quem o pode desfazer?" (Is 43.13).

Logo comecei a me sentir mais motivada e, dia a dia, de glória em glória, de fé em fé, minhas limitações pareciam menores. Depois de quase seis meses em casa, eu saí sozinha pela primeira vez. Sentia medo de entrar no elevador sem ter ninguém por perto e, a cada passo que eu dava, imaginava que poderia cair a qualquer momento. Minhas pernas eram trêmulas e para mim qualquer mínimo degrau era símbolo de terror. Se eu caísse, não me levantaria mais. Ainda assim, a cada avanço eu me sentia orgulhosa de mim mesma e a adrenalina disparava em meu corpo. Caminhar dentro do condomínio, mesmo que tendo de sentar de tempos em tempos, era para mim uma grande conquista. Até que chegou o dia em que desci para o *playground* do edifício onde eu morava e empurrei o José Vittorio no carrinho. Estar com ele era uma alegria enorme, mas me trazia muita insegurança. O meu coração dizia: "Quando ele perceber que está sozinho comigo, vai começar a chorar". Se isso acontecesse, meu coração ficaria em pedaços, por ter de explicar às pessoas que ele era meu filho mas ainda não sabia disso. Eu temia que ele estranhasse e chorasse, mas Deus me surpreendia, fazendo-o se sentir seguro comigo.

Os avanços físicos e emocionais eram gradativos e caminhavam juntos. Depois de apenas três meses de tratamento contra o pânico, eu já não sentia necessidade de tomar remédios controlados. Eu me sentia cada dia mais segura, pela certeza de que o Senhor estava comigo. Minha mente era comandada pela verdade que está em Deus, e minhas emoções obedeciam. Logo depois que os cabelos caíram por completo, percebi que precisava começar a me cuidar como mulher. Então, depois de muitos meses, minhas unhas voltaram a receber cuidado especial e a pele novamente recebeu uma maquiagem suave. Minha aparência pouco a pouco começava a mudar. Os adereços, os lenços e algumas roupas novas voltaram a fazer companhia para aquele corpo tão magro e sem tônus nenhum. Essa área, aliás, também foi afetada por meu processo de reconstrução. Eu fui liberta da vaidade estética. Vi que não precisava dela para me sentir amada, e isso me tornava mais bela do que nunca. Meu interior estava florido, com o amor que recebia de Deus. O cuidado dele se revelava nos detalhes — em cada momento de todos os dias. Era como se ele sempre estivesse ali, roteirizando minha história, ajustando detalhes de um grande filme que alcançaria muitos corações.

Os milagres não paravam, e a certeza de que eu não os merecia revelava-me o poder da graça que não cessava de me restituir. Voltar a andar me fez pensar que eu precisava saber para onde ir. Voltar a querer me fez pensar que precisava saber o que desejar. Reconstruir minha autonomia emocional era como voltar à época de Neemias e acreditar que podia reerguer os muros de Jerusalém. Construir a autonomia emocional é adquirir a habilidade de se alegrar sem sentir culpa, amar sem ter medo, perdoar e não conviver com a raiva, dizer *não* sem se sentir mal, ter disciplina e atenção ao que é importante para o próprio bem-estar, ter compromisso com o futuro e dispor de força para voltar a acreditar. Para reconstruir meus muros, primeiro precisei enfrentar as minhas ruínas. Tive de olhar para a minha condição naquela época e avaliar o que me levara até ali; pensar em minhas escolhas de vida considerando e pesando minhas falhas sem, no entanto, me punir pelo que poderia ter sido melhor.

Neemias, servo de Deus, copeiro do rei Artaxerxes, foi movido de íntima compaixão por Jerusalém. Nabucodonosor, rei da Babilônia, sitiou a cidade, invadiu-a, matou muitos, derrubou seus muros e queimou suas portas. Os sobreviventes sofreram grande desprezo e miséria. A triste notícia chegou aos ouvidos de Neemias, que se sentou e chorou copiosamente. Em nome de todo o povo de Israel, Neemias orou ao Senhor, fazendo confissão dos pecados dos israelitas, e propôs em seu coração ir a Jerusalém. Depois de Deus dar-lhe graça diante do rei Artaxerxes, ele recebeu autorização para ir até a cidade, a fim de saber como ela estava. Mas, desde o início, seu desejo era, com a ajuda dos filhos de Israel, reconstruir os muros de Jerusalém.

Assim como no caso de Neemias, apenas olhar os escombros e chorar não adianta. É preciso ter vontade de fazer o que for necessário para voltar a ser um lugar seguro para nós e para as pessoas que amamos. A cidade de Jerusalém nos tempos de Neemias estava completamente desolada e quase totalmente destruída. Imaginá-la sem sequelas exigiu de Neemias uma forte porção de esperança e fé. Muitas vezes ele foi tentado a desanimar, mas permaneceu firme em sua visão e não voltou atrás. Ele se comprometeu com a compaixão que sentiu e seguiu em direção à obra completa. Na medida em que ele trabalhava, recebia o conforto e a força de Deus. De forma dedicada e estratégica, Neemias realizou uma grande obra para tirar Jerusalém daquele estado de miséria e, de cima dos muros, ele não cedeu às artimanhas dos inimigos. Com isso, perseverou até o fim. E foi bem-sucedido.

Neemias assombrosamente reergueu os muros de Jerusalém em 52 dias. Exatamente o tempo em que permaneci em coma. Creio que, durante aquele tempo em que eu estava no mundo dos sonhos e a Igreja orava, Deus reconstruía meus muros espirituais. Agora, ele reconstruía a minha alma. Durante meses busquei e me comprometi com um apoio psicológico e atendimento pastoral semanal. E, com a ajuda e o amor daqueles que o Senhor escolheu para caminhar comigo, comecei a reaprender a viver.

Fui purificada pela dor. Quando ela cessou, decidi continuar pura, pois compreendi que ser livre é ser responsável. Tornei-me uma resignada, alguém que suporta uma vida de renúncia por amor a Deus. A escolha mais inteligente e transformadora que fiz foi fechar as portas para o mundo e mergulhar na Palavra de Deus e na oração.

Manter uma igreja linda e uma mente suja não faz sentido. Ele escolheu fazer de mim e de você um templo; portanto, devemos cuidar da casa de Deus com amor. Você não precisa de uma forte tribulação para se quebrantar. Permanecer puro nesta geração já é dor o bastante. Experimente fazer isso. Eu entendi que, enquanto preservasse a pureza em mim, o Senhor continuaria falando comigo. Passei a ter uma vida de dedicação integral. Em poucos meses, minha igreja me enviou para missões, crendo na palavra que Deus nos deu de que fora esse o propósito da minha cura e restauração.

Minha rotina passou a ser de oração, leitura bíblica e consagração total. Eu precisava da atenção de Deus porque minha necessidade dele era grande, e eu sabia que a obra que ele agora me confiava seria um grande desafio. Abri mão da televisão, dos filmes e das músicas seculares, tomando o cuidado de não me tornar uma religiosa legalista — apenas decidi preservar meu interior. Essa decisão deixou meus pensamentos mais leves e aumentou muito meu espaço interno para as coisas de Deus. Minha dependência do Senhor cresceu dia após dia. Além de voltar a viver e ter de lidar com todas as minhas questões pessoais, organizando e redefinindo a minha vida, agora eu era a prova da existência de Deus. E não podia me esquecer nem um instante disso, pois santidade é consciência constante da graça de Deus e da desgraça do homem. Paulo falou sobre o estilo de vida que devemos adotar para agradar o Senhor:

> Portanto, como povo escolhido de Deus, santo e amado, revistam-se de profunda compaixão, bondade, humildade, mansidão e paciência. Suportem-se uns aos outros e perdoem as queixas que tiverem uns contra os outros. Perdoem como o Senhor lhes perdoou. Acima de tudo, porém, revistam-se do amor, que é o elo perfeito. Que a paz de Cristo seja o juiz em seu coração, visto que vocês foram chamados para viver em paz, como membros de um só corpo. E sejam agradecidos.
>
> Colossenses 3.12-15

Santifica-se aquele que ousa ser diferente. Ousa amar quem não merece e, ainda assim, dizer-lhe a verdade. Ousa abandonar os velhos hábitos e se refazer "de novo", quantas vezes for preciso. Eu escolho a santidade. E faço essa escolha todos os dias.

A minha aparência começou a melhorar e eu não sabia mais como reagir a isso. Tinha medo de agir como antes, de forma descompromissada, e deixar de preservar a integridade de Deus em mim. Então olhava minhas roupas antigas e pensava: "Isso não é a roupa de um milagre! Carrego as marcas de Cristo; não posso sair assim". Por isso, passei a melhorar minha aparência dia após dia, de uma maneira que sempre enfatizasse o que Deus fez por mim. Cuide da sua pureza o dobro de tempo que passa cuidando de sua beleza e, com isso, sua casa e sua alma serão preservadas. Não deixe o mundo ditar sua moda nem sua maneira de viver. Você tem dono, você tem um Senhor, e o seu corpo é dele.

Na medida em que comecei a escrever, vi que Deus se manifestava por meio de minha escrita. Eu acreditava que nunca mais cantaria; então passei a canalizar tudo o que ouvia de Deus nos textos que publico na internet. Muitas pessoas passaram a seguir meu ministério e hoje se alimentam do que recebo do Senhor. Assim, deixei de me entristecer por não poder cantar ou falar mais alto. Eu não sabia que Deus ainda tinha muito mais a restaurar em mim.

Hoje, já não sou mais eu quem vive. Nada mais é pessoal. Meus dias tornaram-se comprometidos com a grande colheita do evangelho. Vou aonde o Senhor me envia e minha dedicação é integral. Meu filho viaja comigo e tem aprendido a amar a obra de Deus. Fomos libertos da morte para a vida. A intensidade da minha entrega ocorre na mesma proporção de tudo o que vivi. Nem todos compreenderão, pois coisas espirituais se discernem espiritualmente. Quando o Senhor Jesus disse: "Mas receberão poder quando o Espírito Santo descer sobre vocês, e serão minhas testemunhas em Jerusalém, em toda a Judeia e Samaria, e até os confins da terra" (At 1.8), creio que ele dizia: "Viva e proclame a minha vida em ti. Dê continuidade à minha obra, sendo como eu sou. Quero que me vejam em ti. Faze conforme eu fiz. Não te esqueças do Pai, que está em mim, como estou em ti. E, assim, tu farás coisas maiores do que as que eu fiz".

Entendi que Cristo em mim é mais que teoria. O poder que transforma está em ser como ele é, em fechar as fontes do mundo e eleger uma única matriz, potencializando o máximo de Deus no mínimo do mundo em mim. Fraseologias superficiais não transformam a vida de ninguém; só distraem a mente. Permitir-se ser podado, limpo e aparado por Deus, isso sim, transforma. Todos os dias, experiências reais tiram o evangelho do papel e constrangem a mais elaborada fortaleza erguida pela razão humana. Aproveite as oportunidades diárias que você tem de exercitar sua fé e mover os céus!

Todo início é inseguro, frágil e pequeno. Mas alimentos e exercícios espirituais fazem parte da construção e do fortalecimento de sua fé. Ore, estenda a mão, movimente-se e teste suas teorias. Experiências legítimas podem marcar sua vida para sempre. Você não nasceu para apenas assistir a histórias extraordinárias; nasceu para vivê-las! E, ao vivê-las, verá palavras transportando os montes, levantando os mortos, libertando os presos e manifestando o céu na terra.

O mundo me perdeu para sempre. Para ele eu não volto mais. Dos seus manjares eu não me alimento e essa dieta tem me feito muito bem. Em menos de dois anos percorri quase todos os estados do Brasil e, por onde passei, vi a Igreja ser tocada pelo poder que me curou. Tornei-me uma avivalista porque o Senhor me confiou uma mensagem que não fala somente de milagres físicos, mas do maior milagre, aquele que nos torna seres espirituais: a cruz de Cristo.

Durante muito tempo preguei o evangelho com a fístula abdominal aberta. Fazia curativos e colocava cintas, e as pessoas não percebiam que, muitas vezes, enquanto eu ministrava, o líquido estomacal vazava e me queimava. Vi muitos milagres extraordinários e grandes multidões entregando a vida ao Senhor Jesus, e a fístula — que os médicos disseram que não se fecharia — milagrosamente ia se fechando, dia após dia. Até que fechou completamente. O prognóstico era de ausência de parede abdominal em uma hérnia muito grande, que ocupava praticamente toda a barriga. Então os médicos agendaram uma cirurgia para a colocação de uma tela que me daria uma vida normal. E a surpresa deles durante a cirurgia foi encontrar o músculo todo lateralizado, no canto esquerdo do abdômen. Deus me restituiu a parede abdominal completa e eles a costuraram, reforçando com uma tela abdominal. Uma grande equipe participou dessa cirurgia e, mais uma vez, eles ficaram espantados com a bondade de Deus e o seu cuidado detalhista. Eram médicos céticos, mas que hoje já podem utilizar a palavra *milagre*.

Deus trouxe a paz por meio da morte do seu Filho na cruz. Com isso, trouxe de volta para si mesmo todas as coisas, tanto na terra quanto no céu. Antes, estávamos longe de Deus e éramos inimigos dele por causa das coisas más que fazíamos e pensávamos. Mas agora, pela morte de Cristo, seu Filho amado, Deus nos fez seus amigos, a fim de nos trazer à sua santa presença para que sejamos somente dele, sem mancha nem culpa. Porém, é preciso que continuemos fiéis, firmados sobre um alicerce seguro, sem nos afastarmos da esperança que recebemos quando ouvimos o evangelho. Foi desse evangelho que eu, Bianca, me tornei serva, e é esse evangelho que tem sido anunciado no mundo inteiro.

8

Pensamentos que brotam da dor

Este é o meu consolo no meu sofrimento:
A tua promessa dá-me vida.

Salmos 119.50

A *via crucis* física, emocional e espiritual que tive de enfrentar durante todo o tempo no hospital e na recuperação, já em casa, me mostrou que Deus não nos fez para o deserto. Contudo, se passarmos por lugares igualmente áridos, a dependência total do Todo-poderoso, que nos aprimora em locais assim, nos terá feito ainda melhores ao final da travessia. Depender de Deus é caminhar em direção a uma intimidade profunda com ele, um estado em que ele nos faz plenos. Tudo o que vivi me mostra a realidade pujante do que o Senhor afirmou a Paulo: "Ele me disse: 'Minha graça é suficiente para você, pois o meu poder se aperfeiçoa na fraqueza'. Portanto, eu me gloriarei ainda mais alegremente em minhas fraquezas, para que o poder de Cristo repouse em mim" (2Co 12.9). O Espírito Santo me fortalecia e me edificava na medida em que os dias se passavam e eu refletia sobre tudo o que estava acontecendo. Logo percebi que o mais belo corpo é aquele que abriga o Pai da eternidade, e o melhor bronzeado é o da alma iluminada pelo Sol da Justiça. A verdadeira beleza é fruto da virtude de amar melhor.

Aquele foi um período de intensa e profunda reflexão. Refleti muito, em especial sobre os propósitos de Deus na vida de cada um de nós. Hoje acredito que o Senhor move céus e terra para preservar a vida dos seus filhos até que cumpram o plano para o qual foram criados. Ao ler as Escrituras, percebo que muitos homens e mulheres de Deus tiveram a vida ameaçada, mas o Senhor os fez prevalecer para que neles se cumprisse seu propósito. Alguns deles foram atribulados, aprisionados e passaram por fortes aflições para que sua rota fosse reprogramada e voltassem àquilo que o Senhor lhes havia solicitado que fizessem. Nesse processo, o Pai amoroso manifesta a sua graça. Nada havia nesses homens e mulheres que os fizesse merecer algum êxito. Não há nada em mim que me faça merecer estar viva. Mas o amor de Deus não nos escolhe pelo que somos, e sim pelo que ele pode ser em nós. Isso é graça.

Passar pelo vale de trevas e de morte me fez amar melhor e desejar aproveitar cada momento da vida sabendo que tudo que temos é o hoje e o agora. O amanhã pertence a Deus. Em minhas meditações, percebi que adiar o perdão não resolve; é inútil postergar um abraço, uma declaração de amor. Desfrutar de uma vida com propósitos é aproveitar cada segundo em agradecimento por tudo, enxergando cada dificuldade como uma oportunidade de ser aperfeiçoado. E não há nada melhor do que viver a vontade de Deus. Diante de uma fatalidade, uma perda, uma injustiça ou uma enfermidade, temos muitas escolhas. Minha experiência me mostrou que de nada adianta perder a fé, reclamar, acusar, duvidar do amor de Deus e sentir pena de si mesmo. O caminho é feito de ações de graças, pois o fim que não esperamos pode ser o começo daquilo que sempre desejamos. Perder para ganhar é um processo doloroso e desafiador, mas nos leva para mais perto de Deus quando descobrimos que o que mais importa é invisível aos olhos. Algumas vezes, é preciso regar com lágrimas as sementes da vida. Celebrar a vida é um dom, e agradecer é um brinde. Então é fundamental que olhemos ao redor, respiremos fundo e agradeçamos, pois temos muito mais do que podemos imaginar.

Assim teve início uma nova etapa na restauração da minha vida. Sim, porque Deus não me curou apenas fisicamente: ele trabalhou em minhas emoções e na minha espiritualidade. Os milagres invisíveis que eu vivi são a chave da reconstrução que o Senhor promoveu desde o mais profundo do meu ser, pois o Todo-poderoso não só me devolveu a vida, mas me preencheu com significado e me instruiu sobre o que fazer com minha existência.

Ou seja, após todos aqueles meses lutando pela chance de viver de novo, descobri que viver não era o bastante. Eu estava dilacerada emocionalmente, pois tinha perdido muito de minhas capacidades e de meus talentos. Não tinha mais condições de exercer minha profissão e havia perdido a autonomia física e emocional. Minha memória estava confusa e todos os meus sonhos se mostraram frustrados. Com sequelas motoras e vocais que os médicos afirmavam ser definitivas, minha recuperação era uma incógnita. Eu estava ferida por ter perdido a chance de viver o nascimento de meu filho e por ter passado pelo trauma de ver meus órgãos expostos, durante meses aprisionada em meu corpo, lúcida. Por tudo o que enfrentei, minhas emoções também careciam de cura. Além disso, eu precisava me redefinir como pessoa e reencontrar meu lugar no mundo e no plano de Cristo para a minha trajetória.

Salvar meu espírito e curar meu corpo não seria o bastante para um Deus perfeito se ele não pudesse me restaurar plenamente. A reconstrução da autoestima, a reformulação completa de minha missão de vida e a análise de todas as minhas atitudes e escolhas anteriores, e suas respectivas ordens de prioridade, transformaram minhas dores em chances, e os meus traumas, em fontes de unção e cura.

Muito além de questões de saúde do organismo e de reabilitação motora, o Espírito Santo começava a esclarecer coisas que por toda a minha vida eu havia buscado entender. A Palavra de Deus saltou aos meus olhos e me ofereceu chaves de reconstrução de vida e de propósito — no corpo, na alma e no Espírito. O amor me conduziu ao reconhecimento da necessidade de mudança e à descoberta do quebrantamento e do poder da gratidão, do perdão, do abandono de mim mesma em prol do cumprimento da vontade divina, do amor pelos inimigos, da oração por quem me persegue, da necessidade de manter-me pura e íntegra. Tudo isso faz parte do milagre de carregar uma alma sem sequelas e viver aqui mesmo a plenitude do céu.

O que passo a compartilhar neste capítulo são reflexões profundas, fruto de todo o processo que vivi. Oro ao Senhor para que os pensamentos de uma pessoa que é prova viva de milagres de Deus ajudem você a lidar com as dificuldades que enfrenta em sua vida.

Solidão

É natural que processos de sofrimento e dor nos levem a viver momentos de solidão. Sentimo-nos desamparados, distantes da humanidade e, por vezes, chegamos a ter a falsa impressão de que Deus nos abandonou e não está mais conosco. Durante a minha caminhada pelo vale de trevas e de morte, o Espírito Santo me fazia lembrar a sua voz, que dizia: "Tenho preparado para você muito mais do que perdeu. Confie! Estou reconstruindo sua vida de dentro para fora". O Senhor me ensinou a desfrutar de uma vida com propósito e totalmente entregue a ele.

A tristeza tentou se alojar em meu coração, mas, embora ela tenha vencido algumas batalhas, não conseguiu sair vencedora da guerra. Sim, porque o entusiasmo de estar viva ocupou a minha alma: eu estava cheia de gratidão. De alguma forma inexplicável, o Espírito Santo transformou em gratidão eterna os sentimentos ruins que eu carregava. A sabedoria guiou os meus passos.

Em muitas ocasiões eu me senti só. Mas, então, o Pai começou a me mostrar que em nenhum momento da jornada eu estive distante da lembrança e das intercessões de gente que me amava ou que aprendeu a me amar. Comecei a conhecer milhares de pessoas que oraram por mim pela internet, e elas me contavam as histórias de avivamento que tinham vivido por meio daquela intercessão. O amor delas era constrangedor. A alegria que elas demonstravam por me ver viva fez que eu descobrisse o poder da compaixão em um evangelho prático, que eu não conhecia. Eu estava na igreja havia muitos anos, mas nunca tinha visto um movimento tão grande de oração, dia e noite, durante meses, por uma pessoa desconhecida — e tão pouco merecedora como eu. Era como se eu pudesse ver bem à minha frente a mais pura expressão da graça de Deus na forma de amparo, afeto e amor. Eu estava aprendendo muito.

Descobri que a solidão é um sentimento e não um fato. Posso estar só e não me sentir só, assim como posso estar rodeada de pessoas e me sentir sozinha. Aprendi que a solidão é um sintoma de carência, e carência é ausência de prazer. Todo ser humano foi feito para o prazer absoluto, que a Bíblia chama de "alegria completa". É um gozo permanente gerado pelo Espírito Santo de Deus. O significado da palavra *éden* é "jardim de prazeres" ou "jardim de delícias". No Éden o ser humano recebeu o sopro do Criador e foi completamente preenchido com a essência de Deus — que é o perfeito amor.

Por meio de Jesus, tivemos a chance de nos esvaziar de novo, assim como ele se esvaziou para nos ensinar, a fim de nos encher novamente, como pela primeira vez, clamando "Aba, Pai". A química da semelhança entre nós e o Criador está no sopro, e não no pó. Cheios do perfeito amor, guardaremos suas palavras e seremos supridos e, quando isso acontecer, pediremos o que quisermos e nos será dado, segundo a soberania e a vontade divinas. Jesus usou uma analogia agrícola para nos ensinar verdades importantes, entre elas uma realidade sobre a solidão:

> Eu sou a videira verdadeira, e meu Pai é o agricultor. Todo ramo que, estando em mim, não dá fruto, ele corta; e todo que dá fruto ele poda, para que dê mais fruto ainda. Vocês já estão limpos, pela palavra que lhes tenho falado. Permaneçam em mim, e eu permanecerei em vocês. Nenhum ramo pode dar fruto por si mesmo, se não permanecer na videira. Vocês também não podem dar fruto, se não permanecerem em mim.
>
> Eu sou a videira; vocês são os ramos. Se alguém permanecer em mim e eu nele, esse dará muito fruto; pois sem mim vocês não podem fazer coisa alguma. Se alguém não permanecer em mim, será como o ramo que é jogado fora e seca. Tais ramos são apanhados, lançados ao fogo e queimados. Se vocês permanecerem em mim, e as minhas palavras permanecerem em vocês, pedirão o que quiserem, e lhes será concedido.
>
> Meu Pai é glorificado pelo fato de vocês darem muito fruto; e assim serão meus discípulos. Como o Pai me amou, assim eu os amei; permaneçam no meu amor. Se vocês obedecerem aos meus mandamentos, permanecerão no meu amor, assim como tenho obedecido aos mandamentos de meu Pai e em seu amor permaneço. Tenho lhes dito estas palavras para que a minha alegria esteja em vocês e a alegria de vocês seja completa.

> O meu mandamento é este: Amem-se uns aos outros como eu os amei. Ninguém tem maior amor do que aquele que dá a sua vida pelos seus amigos. Vocês serão meus amigos, se fizerem o que eu lhes ordeno. Já não os chamo servos, porque o servo não sabe o que o seu senhor faz. Em vez disso, eu os tenho chamado amigos, porque tudo o que ouvi de meu Pai eu lhes tornei conhecido. Vocês não me escolheram, mas eu os escolhi para irem e darem fruto, fruto que permaneça, a fim de que o Pai lhes conceda o que pedirem em meu nome. Este é o meu mandamento: Amem-se uns aos outros.
>
> João 15.1-17

Em meio a grandes verdades contidas nessas palavras do Mestre — pronunciadas para que "a minha alegria esteja em vocês e a alegria de vocês seja completa" [v. 11] —, podemos ver que, por meio dessa analogia agrícola, Jesus dizia aos seus discípulos: "Não vivam sozinhos! Vocês não avançarão a lugar nenhum assim. Tudo o que vocês realizarem sem mim não terá valor. Não sejam cheios de si mesmos; pelo contrário, sejam limpos pela minha palavra, permaneçam em mim, e eu permanecerei em vocês. Permaneçam no amor, e seremos um, como eu e o Pai somos um, e assim vocês darão muitos frutos, e frutos que permanecerão".

A verdade é que, às vezes, precisamos de momentos a sós com a nossa dor pessoal — desde que nesses momentos não sirvam para cultivar a dor, mas, sim, para apresentá-la a Deus. Quando isso acontece, podemos estar sós, mas não sentiremos solidão.

O próprio exemplo de Jesus nos mostra que a solidão pode ser a ponte para um encontro face a face com o Pai. As Escrituras nos revelam que o Senhor muitas vezes procurou afastar-se das outras pessoas a fim de aproximar-se do Todo-poderoso: "Ouvindo o que havia ocorrido, Jesus retirou-se de barco, em particular, para um lugar deserto. As multidões, ao ouvirem falar disso, saíram das cidades e o seguiram a pé" (Mt 14.13); "Tendo despedido a multidão, subiu sozinho a um monte para orar. Ao anoitecer, ele estava ali sozinho, mas o barco já estava a considerável distância da terra, fustigado pelas ondas, porque o vento soprava contra ele" (Mt 14.23-24); "De madrugada, quando ainda estava escuro, Jesus levantou-se, saiu de casa e foi para um lugar deserto, onde ficou orando" (Mc 1.35). Isso nos mostra que Jesus nos apontava o caminho por meio de seu exemplo. Suas atitudes eram ensinamentos. E, ainda que não houvesse ninguém por perto, ele jamais estava solitário.

Tanto que, ao afirmar "Eu lhes disse essas coisas para que em mim vocês tenham paz. Neste mundo vocês terão aflições; contudo, tenham ânimo! Eu venci o mundo" (Jo 16.33), o Mestre parecia dizer "Faça como eu faço e você terá a paz que eu tenho". Jesus necessitava de momentos a sós com o Pai. Ele meditava calmamente e expunha sem rodeios o que sentia, disposto sempre a abrir mão da própria vontade para fazer aquilo que o Pai instruísse. Isso revela uma verdade fundamental: propósitos são mais importantes que sentimentos; visão é mais importante que vontade.

Em meio à minha agonia e ao meu sentimento de solidão, aos poucos o Senhor foi se tornando meu confidente. Com ele passei a compartilhar minhas dúvidas, meus medos, meus traumas e minhas raivas, e o Todo-poderoso amorosamente me orientava e me organizava por dentro. Ali ele tornou-se o meu melhor amigo e começou a me mostrar verdades intensas contidas nas Escrituras. Descobri, por exemplo, que, mesmo que eu seja rejeitada, Deus nunca me rejeitará: "Mesmo quando eu andar por um vale de trevas e morte, não temerei perigo algum, pois tu estás comigo; a tua vara e o teu cajado me protegem" (Sl 23.4). Nunca estamos completamente sozinhos: "Ainda que me abandonem pai e mãe, o SENHOR me acolherá" (Sl 27.10); e jamais seremos desamparados: "Nunca o deixarei, nunca o abandonarei" (Hb 13.5).

A descoberta dessas verdades me fez perceber que, mesmo nas vezes em que estive completamente sozinha, eu não sentia falta de absolutamente nada. E assim fui caminhando, protegendo minha mente pela oração e tendo meu deserto transformado em um manancial pela presença do Espírito Santo. A solidão se tornou comunhão entre Deus e mim. Nesse processo, descobri que a verdadeira oração vem de dentro, do anseio do coração, jamais pode ser uma atitude mecânica e obrigatória, assumida quase por desencargo de consciência. Ocorre que o Senhor não gosta de rituais vazios e não quer palavras ditas por obrigação, ou seja, detesta quando nos dirigimos a ele de modo automático e sem profundidade. Ele quer uma noiva, e não um robô.

A Bíblia diz que nós, a Igreja, somos a noiva de Cristo e que ele virá nos buscar. O verdadeiro amor sempre nos faz querer estar junto. Quando amamos alguém, desejamos sua presença: nós nos lembramos dessa pessoa a todo instante, sonhamos acordados com ela, suspiramos... Jesus quer sua noiva assim, totalmente entregue e incapaz de viver sem a presença dele. Nosso amor pelo Senhor pode se expressar de uma forma que não soe tão romântica, mas essa expressão deve sempre refletir quanto o amamos e precisamos dele.

Por que sentimos solidão? Porque tentamos ocupar o lugar de Cristo com outras pessoas. Mas nada pode substituí-lo! Nada pode nos preencher por completo, a não ser o sopro do autor da vida.

Passei a trazê-lo à mente o tempo todo; meu coração acelerava quando eu pensava nele, e a minha alma o chamava: "Aba, Pai". À medida que nossa vida muda, nossa prática de oração também muda, bem como nossas necessidades e nossos motivos para agradecer. O único erro fatal é abandonar a oração e achar que Deus já sabe o que pensamos ou precisamos. Ele nos ama e quer ouvir nossa voz. Eu, naquele momento, não tinha voz — tinha um sussurro. Mas meu coração desejava a presença do noivo e o adorava mais do que nunca. O amor que vem de Deus certamente é supridor.

Perdão

Por vezes, enfrentar a verdade pode ser um choque; mas aquele que começou a boa obra há de completá-la, ainda que não seja como eu quero. Só saberei o que Deus planejou se eu continuar até o fim. A verdade é que os resultados da vida são a soma de uma equação que não depende só de mim. Caminhando com os olhos fixos na missão para a qual voltei, fui deixando a tristeza e a dor pelo caminho. Dia a dia elas foram substituídas pela paisagem de uma nova trilha, uma história, em um novo e vivo caminho cheio de flores e frutos regados pelo Senhor.

Às vezes, somos feridos e relevamos. Achamos que não é importante e esquecemos. Mas esquecer não é perdoar. Ignoramos aquela ferida, mas, sempre que passamos por ela, sentimos certo incômodo e continuamos a ignorá-la. Muitas vezes, só a trataremos quando já estiver inflamada e absolutamente enferma — e, assim, contaminar todo o resto.

Não devemos ignorar nossas feridas! Temos de perdoar. Precisamos verbalizar, orar, falar com Deus e fazer uma limpeza no coração. Perdoar é um verbo criado pelo próprio Verbo e perfeitamente conjugado por ele especialmente para cada um de nós.

Precisamos aprender todos os dias, mais e mais, sobre a gramática do céu. Nossa saúde agradece, e o nosso futuro também.

A CONSCIÊNCIA DA CRUZ

Algumas vezes, sentimentos e certezas humanos podem nos manter com os pés no chão, presos ao que perece. Presos à necessidade de explicações, justificativas, respostas ou recompensas. Mas, se a cruz nos libertar, ela nos dará asas.

A cruz de Cristo foi o ato que me trouxe de volta. Um ato que trouxe cura a todos nós e por toda a vida. Pelo que Cristo fez por mim na cruz, ele compartilhou comigo a ressurreição que há nele. Essa ressurreição não me permite continuar a mesma. Jesus me trouxe de volta depois de eu ter visto a morte de tão perto a ponto de sentir o seu cheiro. Nunca vou me esquecer.

Falar de cruz pode trazer sentimentos humanos de injustiça, de aflição inexplicável, mas verdadeiramente experimentada — e como é experimentada! Mas é justamente em meio às angústias que temos a chance de desistir dos paliativos e de nos esvaziar por completo. É ali que temos a oportunidade de encontrar na irrelevância humana a intimidade com o Criador.

Suportar a minha cruz com os olhos na cruz de Cristo me transportava de um lugar de dúvidas para o lugar das certezas. Fazia-me encontrar o consolo de Deus em meio às dores. Ensinava-me a desistir de quem eu era para alcançar o que Deus, que me idealizou e formou, havia planejado para mim. Fez-me desistir da desobediência que aumentou minhas aflições e levou-me a descobrir no quebrantamento a chave do maior tesouro de Deus: a sua plenitude em mim.

Bem-aventurado aquele que passa pelo vale de trevas e de morte de mãos dadas com Deus. É bem-aventurado não pelo vale, mas pelas mãos que não se soltam nunca mais.

Confiança em Deus

Parte das perdas que vivenciamos são realmente irreparáveis e teremos de conviver com elas. Algumas vezes, o tempo nos permite entender a razão dessas dores; outras, não. Mas de uma coisa podemos ter certeza: a bondade de Deus nos protege. Mesmo que não haja entendimento completo dos acontecimentos, o Senhor não nos fará passar por uma prova além do que pudermos suportar. E mais: em tudo o cuidado de Deus se faz presente, como as Escrituras afirmam: "Sabemos que Deus age em todas as coisas para o bem daqueles que o amam, dos que foram chamados de acordo com o seu propósito" (Rm 8.28). Isso é motivo mais do que suficiente para confiarmos naquele que tudo controla e que determina todas as coisas.

Todos teremos planos frustrados nesta vida. Somos humanos e nosso coração é enganoso; ele nos trai constantemente. É muito bom que nem todos os nossos planos deem certo! Abrigamos expectativas exageradas com relação às pessoas, a nós mesmos e ao nosso futuro. E, algumas vezes, não aceitamos *não* como resposta. A maioria das nossas frustrações é criada por nós mesmos, quando alimentamos expectativas inalcançáveis, abraçamos nossa própria vontade como soberana e eliminamos nossa confiança no Senhor.

Vivemos em um mundo comandado pelo melhor fabricante de fantasias que existe: o Diabo. Quanto mais nos alimentamos deste mundo, mais influenciados por ele serão os nossos pensamentos. Por meio de sua influência maligna, Satanás projeta uma felicidade irreal, com propagandas e novelas cheias de relacionamentos perfeitos e histórias com final feliz. Submetidos à exaustão a esse bombardeio ideológico, ficamos viciados nesse sistema que nos diz que sofrer é errado. E, por isso, acreditamos que, se estamos sofrendo, é porque fizemos algo errado para merecer isso. Acabamos vivendo uma rotina de culpa que quer convencer nossos pés a fugir da luz e da verdade. Afinal de contas, a dor parece estar nos punindo, e achamos que Deus está pronto para nos dar uma bronca caso nos acheguemos a ele.

A minha aflição, em meio a todo o sofrimento que vivi, não me parecia uma escolha. Eu estava confusa e meus pensamentos se perdiam entre as perguntas que eu conseguia suportar. Nem sempre saberemos quais das nossas aflições são sementes de um futuro de glória e quais são frutos de escolhas erradas. Porque, quando nos encontramos em um vale, a única coisa que pensamos é: “Como eu saio daqui?”. Nesse momento é preciso encontrar dentro de nós um lugar em que Deus possa falar, um altar de adoração que nos faça agradecer sem questionar, um ambiente mental onde declaramos a Palavra de Deus confiando que ele sabe o que está fazendo. Confiança é a chave.

A soberania de Deus está acima dos nossos equívocos e nunca é tarde para entregar nossos caminhos a ele em confiança, crendo que transformará o nosso percurso. “Confie no Senhor de todo o seu coração e não se apoie em seu próprio entendimento; reconheça o Senhor em todos os seus caminhos, e ele endireitará as suas veredas” (Pv 3.5-6). Confiar nos momentos de aflição é difícil, mas sentir culpa não vai adiantar. Acusar os outros também não. A autocomiseração não aumenta a paz, só a tristeza. E desistir de crer em Deus nos afasta do único que pode nos socorrer.

A vida pode nos surpreender quando dedicarmos o melhor de nós a Deus, ainda que esse melhor pareça tão pouco. Expor as próprias sombras ao amor do Pai, crendo que ele apaga transgressões, é saber confiar na força da misericórdia. Um dia me pareceu o fim. E acho que foi o fim de muitas coisas. Mas a ressurreição prevaleceu e fez vir à tona o que de fato precisava ressurgir. A esperança surgiu apoiada na fé que conduz os olhos para além dos montes e fez a pouca brisa das noites escuras soprar a canção que anunciava um novo tempo.

Confiar nos dias de aflição é difícil. Mas o amor pode nos dar as mãos.

Em tempos favoráveis, nossas melhores ideias ficam adormecidas. Se tivermos paciência, elas evoluirão em meio às piores dificuldades. Soluções entorpecidas pela risada de um tempo bom aparecem em meio ao choro do dia mal se nos deixarmos conduzir pela esperança. Eu afirmo: há um tesouro na dor. Essa foi uma das grandes verdades que descobri em meio ao meu sofrimento.

Medo

O medo nos deixa em estado de alerta constante, aumenta o estresse e não nos permite descansar em Deus. Ele atrai o que mais tememos, porque mantém nosso pensamento fixo no que não queremos que aconteça. Jó falou sobre o poder destruidor do medo: "O que eu temia veio sobre mim; o que eu receava me aconteceu" (Jó 3.25).

Alguns acham que o inimigo da fé é a lógica ou a razão, mas o maior inimigo da fé é o medo. A fé sempre nos movimenta, enquanto o medo paralisa. A fé sempre nos liberta, enquanto o medo aprisiona. A fé sempre nos traz poder, enquanto o medo desanima. A fé sempre nos encoraja, enquanto o medo debilita. A fé nos cura, enquanto o medo adoece. A fé é o epicentro da nossa espiritualidade: "Sem fé é impossível agradar a Deus, pois quem dele se aproxima precisa crer que ele existe e que recompensa aqueles que o buscam" (Hb 11.6).

Fé é a capacidade de ver com os olhos de Deus. Esse é um pensamento importantíssimo, porque os olhos de Deus são puros e ultrapassam os limites do tempo, uma vez que ele está na eternidade. Os olhos de Deus não interpretam os fatos julgando-os pelas circunstâncias, não se alimentam de ilusão e não enxergam impossibilidades: eles enxergam um fim de bondade, pois pertencem a alguém que age em todas as coisas para o bem daqueles que o amam.

Os discípulos de Jesus tiveram dificuldade de expulsar o espírito maligno do filho de uma mulher que foi até eles em busca de ajuda. Frustrados, perguntaram ao Senhor por que não conseguiram libertar aquela vida. Jesus respondeu: "Porque a fé que vocês têm é pequena. Eu lhes asseguro que se vocês tiverem fé do tamanho de um grão de mostarda, poderão dizer a este monte: 'Vá daqui para lá', e ele irá. Nada lhes será impossível" (Mt 17.20). As palavras de Cristo às vezes parecem distantes da nossa realidade simplesmente porque não temos coragem de pô-las em prática. Nosso interior — o lugar onde a fé se aloja e frutifica — está cheio de sementes ruins, imagens, sons, lembranças e sentimentos que destroem a fé e alimentam o medo.

Você pode se perguntar: "E como eu posso produzir fé?". Bem, não se pode produzir fé; só Deus tem essa capacidade. Mas podemos agir no sentido de caminhar para a posição em que o Senhor agirá. Em síntese, precisamos decidir a quem daremos ouvidos, pois "a fé vem por se ouvir a mensagem, e a mensagem é ouvida mediante a palavra de Cristo" (Rm 10.17). Nós podemos nos esforçar por conhecer a Palavra e obedecer a ela, permitindo que se torne vida em nós e permaneça eficaz. "Se vocês permanecerem em mim, e as minhas palavras permanecerem em vocês, pedirão o que quiserem, e lhes será concedido" (Jo 15.7).

Comecei a ler as Escrituras todos os dias; eu fazia muito isso, a todo tempo. Princípios, salmos, orações realizadas por personagens bíblicos e profecias começaram a higienizar a minha mente. Assim, a médio prazo eu já não conseguia mais ter pensamentos ruins. Nunca fui tão incapaz e, ao mesmo tempo, nunca me senti tão amada — há um paradoxo nisso, e a lógica não consegue explicá-lo. Só o que sei é que a revelação do amor me fazia lembrar todos os dias do lugar de onde Deus me tirou. E isso me enchia de gratidão. O perfeito amor lançava gradativamente para fora de mim toda sombra de medo.

Gestão da memória

Durante o meu período de recuperação, eu me recordava o tempo todo do que vivi durante o coma. Foram 52 dias intermináveis, e eu me lembrava de todos os sonhos repetitivos que tive ali, amarrada no escuro. Eu revivia os deslocamentos para salas de cirurgia, os enfermeiros falando comigo e me dando banho — tudo se misturava em meu subconsciente. Tive recordações de outros sonhos, em que pessoas me diziam que trabalhos de feitiçaria haviam sido feitos contra a minha vida. Lembrava-me, ainda, das canções que tocavam perto de mim, pois elas adentravam meus sonhos. De alguma forma, eu experimentei tudo isso e fui para sempre marcada pela sensação de experimentar a morte em vida. Então recordava os dias intermináveis no leito, paralisada, e também os conflitos antigos e os novos. Precisei decidir o que esquecer e o que lembrar, seguindo o que Jeremias escreveu: "Lembro-me também do que pode me dar esperança" (Lm 3.21). Temos a forte tendência de lembrar o que deveríamos esquecer e esquecer o que deveríamos lembrar. Na gestão de nossa memória está um dos maiores segredos da felicidade.

Veja o caso do Êxodo. Moisés libertou o povo hebreu das mãos do faraó. Foi instrumento de Deus para fazer o mar se abrir, milagrosamente, diante dos olhos de todos. Ele cuidava daquele povo com todo o cuidado e carinho, ouvia a voz de Deus e obedecia com zelo, conduzindo o coração daqueles milhares de pessoas à terra prometida. Ao subir o monte Sinai, em obediência a Deus, avisou ao povo que o esperasse ao pé do monte. Moisés teve um encontro com o Senhor e ali recebeu todo o direcionamento necessário para liderar aqueles que haviam sido resgatados.

> O povo, ao ver que Moisés demorava a descer do monte, juntou-se ao redor de Arão e lhe disse: "Venha, faça para nós deuses que nos conduzam, pois a esse Moisés, o homem que nos tirou do Egito, não sabemos o que lhe aconteceu". Respondeu-lhes Arão: "Tirem os brincos de ouro de suas mulheres, de seus filhos e de suas filhas e tragam-nos a mim". Todos tiraram os seus brincos de ouro e os levaram a Arão. Ele os recebeu e os fundiu, transformando tudo num ídolo, que modelou com uma ferramenta própria, dando-lhe a forma de um bezerro.
>
> Então disseram: "Eis aí os seus deuses, ó Israel, que tiraram vocês do Egito!" Vendo isso, Arão edificou um altar diante do bezerro e anunciou: "Amanhã haverá uma festa dedicada ao SENHOR". Na manhã seguinte, ofereceram holocaustos e sacrifícios de comunhão. O povo se assentou para comer e beber, e levantou-se para se entregar à farra. Então o SENHOR disse a Moisés: "Desça, porque o seu povo, que você tirou do Egito, corrompeu-se. Muito depressa se desviaram daquilo que lhes ordenei e fizeram um ídolo em forma de bezerro, curvaram-se diante dele, ofereceram-lhe sacrifícios, e disseram: 'Eis aí, ó Israel, os seus deuses que tiraram vocês do Egito'".
>
> Êxodo 32.1-8

Aquele povo teve a chance de obedecer, fortalecido pela memória de um Deus poderoso que mudou a sua sorte para sempre. Por mais que o deserto fosse quente, o coração daquelas pessoas não podia se esquecer de que um dia foram escravas e agora eram livres. As necessidades, as carências e a ansiedade provocaram a rebeldia, a intenção de resolver a situação com as próprias mãos. Por isso, aqueles homens e mulheres criaram um ídolo que tentava roubar a glória devida somente a Deus. Às vezes, agimos como eles e acabamos lutando contra a felicidade. Parece que estamos do lado errado, a ansiedade briga contra o tempo, a impaciência desfaz o lugar da paz, a intolerância convida e recebe a solidão, a autodefesa nos tira do ambiente seguro, a incoerência atrai o engano e a culpa, o impulso sem freios nos condena e nos pesa sobre os ombros.

Não precisa ser assim. Todo dia temos a chance de escolher aquilo de que nos lembraremos, pois a gestão de nossa memória pertence a nós. Não podemos transferir essa responsabilidade a ninguém. Diante da espera, o bom é se deixar vencer pelo amor, render-se sem medo a um futuro que não reserva todas as respostas. No momento da dor, a pressa e a ingratidão tentarão dominar nossa memória, fazendo-nos esquecer de tudo o que Deus fez em nosso favor até hoje, mas não podemos deixar isso acontecer. Se resistirmos ao mal que há em nós, veremos que muitas vezes podemos agradecer por não receber tudo que havíamos pedido. Vemos que algumas perdas são um presente quando, na verdade, não poderíamos ter vencido. A realidade é que a soberania de Deus está acima dos nossos equívocos.

Todos os dias peço ao Senhor que me vença e prevaleça sobre mim. Preciso ser rendida. Por isso, diante dos desafios, tenho de decidir me lembrar das palavras negativas que ouvi a vida toda ou ouvir o que Deus diz que eu posso me tornar. Diante de grandes fortalezas me lembrarei das vezes que fracassei ou das palavras de força e coragem que o Senhor tem para mim?

Aprendi que, na medida em que eu me esvazio, a presença de Cristo me preenche. Abrigar um Deus atemporal dentro de mim vai, no mínimo, expandir meu interior, ampliar minha compreensão e, dia após dia, me transformar para sempre. Em meio à minha *via crucis*, percebi que o Pai da eternidade estava em mim, e ele não permitiria que eu ficasse aprisionada no passado ou que fosse conduzida pela força dos traumas. Não, ele me fazia escolher a vida. Como? Conduzindo-me de modo que eu sempre olhasse para a frente!

Deus não é refém das nossas expectativas. Ele não age no nosso tempo. Ele é soberano e espera a preciosa ocasião em que finalmente poderemos compreender isso. O compromisso com meu futuro exige de mim o desapego do que ficou para trás. Não posso prosseguir imaginando o que poderia ter acontecido, pois isso rouba minha força. Jesus disse: "Ninguém que põe a mão no arado e olha para trás é apto para o Reino de Deus" (Lc 9.62). Durante seu ministério terreno, o Senhor se preocupava com a fraqueza de seus discípulos na gestão da memória. Ele recomendava, por exemplo, que se lembrassem do que acontecera à mulher de Ló (Lc 17.32). Além de validar o relato do Antigo Testamento sobre o que ocorreu com aquela mulher, o Mestre está nos dizendo que precisamos aprender com ela. Quando Deus tirou Ló e sua família de Sodoma, disse-lhes claramente que não olhassem para trás:

> Os dois anjos chegaram a Sodoma ao anoitecer, e Ló estava sentado à porta da cidade. Quando os avistou, levantou-se e foi recebê-los. Prostrou-se com o rosto em terra, e disse: "Meus senhores, por favor,

acompanhem-me à casa do seu servo. Lá poderão lavar os pés, passar a noite e, pela manhã, seguir caminho". "Não, passaremos a noite na praça", responderam. Mas ele insistiu tanto com eles que, finalmente, o acompanharam e entraram em sua casa. Ló mandou prepará-lhes uma refeição e assar pão sem fermento, e eles comeram.

Ainda não tinham ido deitar-se, quando todos os homens de toda parte da cidade de Sodoma, dos mais jovens aos mais velhos, cercaram a casa. Chamaram Ló e lhe disseram: "Onde estão os homens que vieram à sua casa esta noite? Traga-os para nós aqui fora para que tenhamos relações com eles". Ló saiu da casa, fechou a porta atrás de si e lhes disse: "Não, meus amigos! Não façam essa perversidade! Olhem, tenho duas filhas que ainda são virgens. Vou trazê-las para que vocês façam com elas o que bem entenderem. Mas não façam nada a estes homens, porque se acham debaixo da proteção do meu teto". "Saia da frente!", gritaram. E disseram: "Este homem chegou aqui como estrangeiro, e agora quer ser o juiz! Faremos a você pior do que a eles".

Então empurraram Ló com violência e avançaram para arrombar a porta. Nisso, os dois visitantes agarraram Ló, puxaram-no para dentro e fecharam a porta. Depois feriram de cegueira os homens que estavam à porta da casa, dos mais jovens aos mais velhos, de maneira que não conseguiam encontrar a porta. Os dois homens perguntaram a Ló: "Você tem mais alguém na cidade — genros, filhos ou filhas, ou qualquer outro parente? Tire-os daqui, porque estamos para destruir este lugar. As acusações feitas ao Senhor contra este povo são tantas que ele nos enviou para destruir a cidade". Então Ló foi falar com seus genros, os quais iam casar-se com suas filhas, e lhes disse: "Saiam imediatamente deste lugar, porque o Senhor está para destruir a cidade!" Mas eles pensaram que ele estava brincando.

> Ao raiar do dia, os anjos insistiam com Ló, dizendo: "Depressa! Leve daqui sua mulher e suas duas filhas, ou vocês também serão mortos quando a cidade for castigada". Tendo ele hesitado, os homens o agarraram pela mão, como também a mulher e as duas filhas, e os tiraram dali à força e os deixaram fora da cidade, porque o Senhor teve misericórdia deles. Assim que os tiraram da cidade, um deles disse a Ló: "Fuja por amor à vida! Não olhe para trás e não pare em lugar nenhum da planície! Fuja para as montanhas, ou você será morto!".
>
> Gênesis 19.1-17

O livramento de Ló e de sua família significou a passagem para um novo tempo, fruto da obediência deles em seguir adiante. Ao ordenar que não olhassem para trás, Deus estava dizendo que a desobediência lhes seria o fim da vida e que, então, deveriam apresentar o coração totalmente desprendido. Mas a mulher de Ló desobedeceu à ordem divina e, quando fez isso, tornou-se uma estátua de sal. Paralisada e imóvel, ela permaneceu incapaz de prosseguir. Muitas vezes, entre o que fomos e o que precisamos nos tornar existe uma ponte e, normalmente, essa ponte gera uma crise. Essa ponte nunca é bonita, mas seu fim pode ser libertador. Chegar ao outro lado significa sair do lugar comum, enfrentar medos, iluminar sombras, romper paradigmas e apagar declarações feitas a nosso respeito. Significa deixar para trás as pegadas que levam sempre aos mesmos lugares.

Resistir a uma turbulência é ultrapassar limites e alcançar o *inédito* e *exclusivo*: um lugar somente nosso, individual e intransferível. Desistir é uma decisão definitiva diante de um confronto temporário. Ainda que seja preciso fazer muitos ajustes, não devemos parar nem fugir; pelo contrário, é fundamental seguir adiante. Que sejamos impelidos a enfrentar e chegar até o final!

Temos de aproveitar os momentos de sofrimento como oportunidades de reavaliar escolhas e fazer as perguntas certas ao coração. Crises são portas para novas ideias e chaves que acionam o máximo de um potencial. Intimidade com Deus, sinceridade, humildade e persistência transformam a crise em um presente, fazendo dela a graduação necessária e o passaporte para um tempo de maturidade e paz.

Abertos para renovação

A especialidade de Deus é realizar coisas inéditas. Só ele faz novas todas as coisas — e o faz com um propósito.

> Ninguém põe remendo de pano novo em roupa velha, pois o remendo forçará a roupa, tornando pior o rasgo. Nem se põe vinho novo em vasilha de couro velha; se o fizer, a vasilha rebentará, o vinho se derramará e a vasilha se estragará. Ao contrário, põe-se vinho novo em vasilha de couro nova; e ambos se conservam.
>
> Mateus 9.16-17

Contudo, depois de ter atravessado o vale de trevas e de morte, eu me vi sem saber o que o novo esperava de mim. Ouso dizer que era preciso haver novas estruturas em mim para que o novo remendo se adaptasse à minha vida. Deixar de acreditar em Deus, em mim mesma, nas pessoas ou até no futuro significaria que minhas crenças tinham se rompido. Mas o grande problema não é se romper. É não poder ser remendado.

Para conservar o novo, é necessário deixar-se fazer de novo, ou, ainda, nascer de novo. Para avançar sobre o inédito, é preciso esquecer as pegadas antigas que levam sempre aos mesmos lugares.

É preciso arriscar. A boa, agradável e perfeita vontade de Deus esperava a formação de uma nova mente em mim. Eu me rendi ao inédito e as coisas velhas foram ficando para trás. "Não se amoldem ao padrão deste mundo, mas transformem-se pela renovação da sua mente, para que sejam capazes de experimentar e comprovar a boa, agradável e perfeita vontade de Deus" (Rm 12.2).

Quando iniciamos esta jornada de reconstrução em Deus, recebemos um mapa que conduz a novas trilhas, novos sentimentos, novos tesouros. Não precisamos nos preocupar: nosso coração estará seguro. Nessa jornada, a humildade e o quebrantamento preservarão puros os nossos olhos e atentos os nossos ouvidos. A gratidão tornará nossos dias leves. E quando menos esperarmos, estaremos em uma terra chamada *avivamento*.

Enquanto esteve preso em Roma, o apóstolo Paulo escreveu aos efésios algumas instruções acerca de guerra e proteção — em outras palavras, batalha espiritual. Mas, antes de falar do combate em si e expor as peças da armadura de Deus, ele foi enfático e imperativo, dizendo: "Finalmente, fortaleçam-se no Senhor e no seu forte poder" (Ef 6.10). Ou seja, independentemente de nossos recursos intelectuais, emocionais, físicos ou monetários, a virtude que nos protege não foi produzida em nós. É herança adquirida pela fé, e precisamos dessa força para suportar a armadura. Quando li pela primeira vez sobre a armadura de Deus, achei a orientação paulina didática e ritualística. Então passei a utilizá-la quase como um sinal da cruz ou uma simpatia de proteção. Quando me sentia ameaçada em alguma situação, começava a "vestir minha armadura". Do capacete às sandálias, eu repetia os versículos e, assim, me sentia segura. Depois de alguns anos, percebi que o poderoso mundo invisível que nos cerca não é regido por rituais isolados, mas por uma consciência constantemente manifesta em minha conduta diária. Como disse Durvalina Bezerra, diretora do Seminário Betel Brasileiro: "Só seremos fortes no combate quando o poder divino fortalecer nossa mente, nossas emoções e nosso homem interior. Precisamos ser vitalizados pela força do poder de Deus liberado pela operação do Espírito Santo".

A armadura de Deus não é mística. Ela é prática e serve para que nos mantenhamos firmes. Quando? No dia mau e no dia bom, no dia difícil e nos dias de festa, na paz e nos momentos de maior tentação. A propósito, tentações sempre surgirão quando estivermos distraídos e aparentemente fora de perigo. Você já viu alguma armadura confortável? Dá para ficar relaxado dentro de uma armadura? Não. O lugar onde se está confortável nem sempre é o mais seguro. Em algum momento a armadura de Deus nos incomodará, porque não nos deixará fazer tudo que queremos — ela restringe alguns movimentos no início, até que aprendamos a lidar com tudo aquilo. E, quando você não puder fazer o que tem vontade, terá de decidir permanecer vestido da armadura ou desfazer-se dela.

Seus pensamentos serão lugar de salvação. E tudo que não vier da luz não poderá ocupar a sua mente — esse é o seu capacete. As sandálias dos seus pés o farão embaixador do evangelho da paz — e, no que depender de você, terá paz com todos. Sua proteção é a justiça de Deus; então terá de aprender a confiar — essa é a sua couraça. Sua luta nunca significa enfrentar pessoas, mas combater forças espirituais da maldade que querem afetar sua consciência, reduzindo seu entendimento e tirando sua autoridade. Sua descendência será protegida pela verdade, que abriga o seu legado. Não se desvie da verdade nem para a direita nem para a esquerda, custe o que custar. Será que você é capaz de fazer isso?

Os dardos e as setas inflamadas do Maligno serão apagados por suas convicções. Seus inimigos serão mortalmente feridos pelo avivamento que você transborda, e a Palavra será iluminada ao seu entendimento como nunca. Sejam suas orações dirigidas pelo Espírito Santo de Deus, convergindo com os pensamentos do alto a seu respeito, e encharcadas de generosidade, ousadia e poder. Romper o silêncio é dar o primeiro passo; por isso, pare e fale com Deus. Seja sincero, peça ajuda. Ele vai conduzi-lo e ensiná-lo.

Gratidão, fé e quebrantamento

O silêncio de uma voz fraca me fez parar e falar menos; o silêncio da falta de respostas me fez ouvir a voz de Deus. Como disse o pregador Bobby Conner: "Deus berra suas verdades, mas sussurra seus segredos". Viver envolvido pela glória de Deus parece algo subjetivo, poético e utópico demais, até que a misericórdia cria oportunidades para você descobrir que isso é real e pode ocorrer em sua vida. Perceber que estamos longe do que poderíamos ser e nem por isso Deus desiste de nos ensinar a viver é tão maravilhoso que nos constrange e traz quebrantamento. Pensar no leito daquele hospital e nos livramentos que Deus me deu me encheu de gratidão.

Deus não despede ninguém vazio, a não ser aqueles que estão cheios de si mesmos. Não há como sobrar orgulho em um corpo que, depois de adulto, dependeu de terceiros para trocar suas fraldas. A gratidão não encontra espaço em um coração autossuficiente. A ambição que leva a pensamentos de nunca haver o bastante rouba de nós o tempo de que dispomos para agradecer pelo que temos, e a ingratidão nos corrói a alma.

Almejar a paz existencial parece um desejo que acalma, e basta pensarmos nessa realidade para que sejamos deslocados do caos. Só que isso não é o bastante. O desejo de Deus é que possamos sentir paz absoluta e que dela não nos apartemos. Façamos dela um juiz, um limite. A paz deve ser o termômetro para o nosso equilíbrio.

Compreender o amor é demais para a razão. De igual modo, é inútil tentar entender o perdão. É preciso aceitá-los, pois são presentes da graça para o nosso coração. A plenitude de Deus é para mim e também para você. A essência de Deus se tornou toda a minha satisfação, uma vez que a fé condutora da verdade não sobrevive à manipulação humana. Essa fé só cresce em liberdade. Seu potencial é explosivo e transforma sementes em florestas, oração em alimento e eternidade em movimento e som. Ela é o dom mais precioso que podemos desejar.

Ainda que a lógica conspire contra, a fé brota quando Deus está por perto. Nele a fé se define e, inevitavelmente, toma espaço entre indagações, silenciando a alma com sabedoria. Mesmo que haja medo e insegurança, a fé promove paz, porque é amiga do amor. Sim, a fé é paciente e deseja ampliar nossa percepção, mas espera uma chance de crescer sem limites, sem restrições, sem dogmas e sem segundas intenções. A única vontade da fé é devolver-nos a plenitude que ultrapassa a razão.

A verdadeira fé surge em meio ao quebrantamento, aquele que é mantido por vigília e oração. Vigiar e orar sem cessar é manter-se sob constante avaliação de sua consciência. O que não vem de Deus sempre vai roubar sua paz. Permitir-se errar não significa permitir-se permanecer no erro. Condenados são aqueles que decidiram pela iniquidade. Mas a liberdade verdadeira vem por meio da confissão e de se deixar ser corrigido, compreendendo o perdão com humildade.

Você sempre vai poder escolher entre o arrependimento e o remorso. O remorso é gerado pela culpa, mantido pela acusação, e tem compromisso com o castigo — não com a mudança. Movido pelo mal, o remorso é especialista em punição. Assim, o que importa não é remorso, mas, sim, arrependimento. Se os dias não são agradáveis e perfeitos, eles clamam por mudança, e a mudança está em você. Não é simples nem fácil mudar o sistema que organiza nossas ideias. É preciso pedir ajuda! Mas a quem?

O mundo dá soluções paliativas o tempo todo, distrações fáceis sugeridas pelo mal. O mundo quer apagar seus erros com a borracha dos prazeres, movido pelo entretenimento que bajula a consciência. Só que prazeres não apagam o passado, apenas entorpecem. O que anula o passado é o consolo da verdade que ilumina em amor. Momentos à sombra da culpa acusam você e o tornam dependente de novos prazeres para afastar o medo. Não fuja do choro. Chore.

O arrependimento é conduzido pelo bem e, ainda que deixe você triste por um tempo, ele não o acusa, mas orienta, ilumina e abraça. Ele o acolhe em pensamentos de paz. O arrependimento sabe quem você é e propõe uma mudança baseada em compromisso. Lealdade, fidelidade, obediência, renúncia, quebrantamento e uma nova postura de vida são exercícios diários. O poder do arrependimento transforma Madalenas em Marias, meninos em reis, reis em sacerdotes, o péssimo em bom, o torto em perfeito, a angústia em sorriso, a terra em céu.

Peça perdão agora em arrependimento e, com fé, fale com Deus em gratidão. Pare um instante e abrigue em sua mente a imagem de si mesmo em um novo contexto, no qual suas escolhas são firmes e retas. O arrependimento é o poder que gira a terra, colocando sua vida na perfeita direção do Sol.

Maldição transformada em bênção

Estou aprendendo a amar o tempo. O tempo que antes cansava hoje me ensina. Também estou aprendendo a amar os maus momentos, porque eles me treinam. Alcançar ressurreição sem padecer não é seguir os passos de Cristo. Ressurreição sem morte parece um atalho para a eternidade, mas termina em uma rua sem saída. Bônus sem ônus significa pular etapas fundamentais para a estrutura que nosso prêmio exigirá de nós.

Estou aprendendo a amar meus inimigos. Cada um deles me aperfeiçoa em algo que, em algum momento, eu pedi a Deus. O que seria de mim sem eles? Estou aprendendo a entregar meus inícios sem deduzir o fim, pois descobri que o amanhã é de Deus. Cabe a mim ser totalmente dele hoje e amanhã me comprometer novamente. Mergulhada em oração, descubro que me descabelo por tão pouco, embora o infinito seja logo ali. É preciso separar tempo para respirar.

Sim, estou aprendendo a amar o tempo. Seus hiatos me protegem, e ele sempre me ensina muito. Uma das características que mais me fascinam em Deus é a capacidade de transformar a maldição em bênção. Pode algo maligno se transformar em algo que coopere para o bem? Sim, se submetido ao poder do Deus que transforma pranto em riso, trevas em luz, adversidade em oportunidade, tribulação em peso de glória, tragédias em graduações poderosíssimas.

Quando o Criador nos fez do barro, sabia que em muitos momentos racharíamos ou nos despedaçaríamos. Isso porque nossas fragilidades nos mostram que o Criador é ele — nós seremos sempre as criaturas. Se o oleiro não for um dedicado reconstrutor, o que será do vaso? Certo dia Jeremias recebeu uma ordem de Deus: "Vá à casa do oleiro, e ali você ouvirá a minha mensagem"

(Jr 18.2). Imagino que o profeta tenha contemplado aquele trabalho tão delicado, com mãos tão fortes corrigindo pequenos detalhes de algo tão frágil. O oleiro cuidava para que o barro não fosse perdido e se esmerava em melhorar os vasos. Diante de tal cena, suponho que ele pensasse na fraca consistência humana.

Alguns anos antes de Jeremias, Isaías já havia escrito: "Senhor, tu és o nosso Pai. Nós somos o barro; tu és o oleiro. Todos nós somos obra das tuas mãos". Eliú, que era um dos amigos de Jó, disse a ele: "Sou igual a você diante de Deus; eu também fui feito do barro" (Jó 33.6).

De tempos em tempos deparamos com nossas limitações, e é bom que isso aconteça. Aqueles que se permitem enxergar além das dores podem dizer: "Eis o que realmente somos, puro barro". O barro nunca foi motivo de disputa entre as nações; já o conteúdo de um vaso de barro, sim. Nosso valor está no óleo que preservamos.

Infelizmente, às vezes nos esquecemos de que o oleiro é Deus, que as capacidades vêm dele e que somos obra de suas mãos. "Então o Senhor Deus formou o homem do pó da terra e soprou em suas narinas o fôlego de vida, e o homem se tornou um ser vivente" (Gn 2.7).

Jeremias viu na casa do oleiro a soberania de Deus, ao compreender o poder da misericórdia divina pela metáfora transmitida pelas mãos daquele homem. "Mas o vaso de barro que ele estava formando estragou-se em suas mãos; e ele o refez, moldando outro vaso de acordo com a sua vontade" (Jr 18.4). Outra versão do texto diz: "conforme o que pareceu bem aos seus olhos fazer" (RC). Da mesma forma que o oleiro é livre para fazer com o barro o que bem desejar, assim também é o Senhor — ele é totalmente livre para fazer de nós o que bem parecer aos seus olhos.

O oleiro não tem de dar explicações ao barro sobre a razão de estar agindo de uma maneira ou de outra.

E, sabendo disso, é importante compreendermos que, para o poderoso Deus, não há vasos irrecuperáveis. Ao profeta Jeremias Deus estava mostrando que, apesar de Israel, seu povo, ser teimoso e obstinado, ainda lhe era oferecida a oportunidade de tentar de novo. O que Deus fez ali, diante de Jeremias, foi abrir a perspectiva da reconciliação. E assim ele fez comigo e pode fazer com você. De tempos em tempos, o Todo-poderoso nos chama à casa do oleiro para nos aprimorar e transformar nossas rachaduras em manifestações de sua graça e misericórdia em nosso favor. A extraordinária grandeza divina se evidencia no fato de que, além de nos reconstruir, Deus deseja nos preencher com o valor que lhe é inerente. Além de nos consertar, ele deseja viver em nós. Esse é o amor que nos constrange.

Saulo teve uma oportunidade de reconstrução quando Jesus o chamou na estrada de Damasco. O zeloso fariseu se achava pronto. Imagino que sua postura tenha sido de liderança e comando; afinal ele era muito capaz. Entretanto, em uma fração de segundo Saulo foi lançado ao chão, cego e confuso. Mas foi exatamente dessa maneira que ele ouviu pela primeira vez a voz de Jesus. Alguém que achava dispor de qualquer coisa que quisesse descobriu, em meio ao nada, a plenitude de Deus. O agora Paulo se mostrava incapaz pela falta de visão; ele perdeu temporariamente sua autonomia e começou a depender de outros para quase tudo. Não pense, porém, que aquilo era um castigo de um Deus mal. Pelo contrário, Paulo era amado enquanto o Pai o corrigia, era amparado à medida que suas respostas prontas se mostravam falidas: elas já não eram mais suficientes diante de suas perguntas. Naquele instante, o judeu dedicado compreendeu que a irrelevância de nossos recursos diante de grandes dores imprevistas pode ser a melhor chance de nossa vida. Tempos depois, Paulo escreveria:

> Mas não pregamos a nós mesmos, mas a Jesus Cristo, o Senhor, e a nós como escravos de vocês, por causa de Jesus. Pois Deus, que disse: "Das trevas resplandeça a luz", ele mesmo brilhou em nossos corações, para iluminação do conhecimento da glória de Deus na face de Cristo. Mas temos esse tesouro em vasos de barro, para mostrar que este poder que a tudo excede provém de Deus, e não de nós. De todos os lados somos pressionados, mas não desanimados; ficamos perplexos, mas não desesperados; somos perseguidos, mas não abandonados; abatidos, mas não destruídos. Trazemos sempre em nosso corpo o morrer de Jesus, para que a vida de Jesus também seja revelada em nosso corpo.
>
> 2Coríntios 4.5-10

Deus deseja manifestar salvação por nosso intermédio. Exatamente nas áreas em que fomos destruídos, envergonhados e humilhados seremos restaurados para a glória de Deus. Porque assim ele manifesta o seu amor, agindo em quem não é para confundir quem pensa ser, escolhendo o que a razão não explica para confundir os racionais. O amor de Deus é livre e caminha em direção àqueles dos quais todos já desistiram. O Senhor não se esqueceu de você.

Claro que você pode suportar os momentos difíceis. Parece impossível, eu sei; realmente não é fácil. Resistir às vontades, persistir em direção ao que é bom, abrir mão de desejos e ajustar os afetos... Esse é um novo e vivo caminho. Caminhar por Cristo é pisar em novos e verdes pastos, é estar onde você nunca esteve, sentir-se vivo pela primeira vez e consagrar toda essa vida ao Senhor de suas vontades. É olhar para todas as suas imperfeições e, ainda assim, agradecer, porque, a despeito de todas elas, o Autor da vida decidiu amar você para sempre.

Nossos conflitos se dissolvem em meio à adoração, quando olhamos na direção certa e compreendemos a nós mesmos e aos outros da forma correta, conduzidos pelo Espírito Santo. Sejamos dele, por ele e para ele hoje, mais uma vez. E amanhã teremos mais uma chance. Sejamos gratos. Dar graças ao Senhor é resistir às reclamações e à vontade de desistir, e também se render ao agradecimento pelo tudo e pelo nada, pelo agora e pelo depois. Devemos fazer como o salmista recomendou: "Aleluia! Deem graças ao Senhor porque ele é bom; o seu amor dura para sempre" (Sl 106.1). Dê graças, principalmente pelo ontem que não volta nunca mais! Deus transformou a maldição em bênção.

Louvado seja o Senhor que conta todos os nossos dias! Seja a ele o sacrifício de nossas vontades, com a certeza de que a alegria permanente, dispensada ao que obedece, supera (e muito!) todo e qualquer sacrifício. Como disse o homem que foi abatido na estrada e teve sua vida e vontade totalmente transtornadas e transformadas: "Portanto, irmãos, rogo-lhes pelas misericórdias de Deus que se ofereçam em sacrifício vivo, santo e agradável a Deus; este é o culto racional de vocês" (Rm 12.1).

Autossuficiência

Durante minha recuperação, eu refletia muito sobre o fato de, mesmo decorridos mais de dez anos de evangelho, com um envolvimento grande na obra de Deus, ainda carregar muitos conflitos e viver bastante longe do centro da vontade do Senhor.

Desde a adolescência ouço profecias a meu respeito, palavras de um grande ministério de cura e adoração. Eu nunca poderia imaginar que a trajetória que me conduziria ao cumprimento das promessas seria a que percorri. Por muitas vezes, tentei fazer do meu jeito e insisti em estratégias humanas para alcançar o que queria, mas aprendi que isso não funciona.

A dependência de Deus é o passaporte para a terra das promessas. Ouvi-lo e submeter-me a ele foi a melhor decisão que tomei em minha vida. Satanás tem uma equação para formar alguém autossuficiente. Ele tenta marcar a história de algumas pessoas desde o primeiro fôlego de vida, com uma sequência de acontecimentos que lhes roubam a confiança e formam uma capa de proteção: rejeições, abusos, *bullying*, agressão, vergonha, abandono, traição e tantas outras tragédias emocionais que permeiam nossos caminhos como se nos dissessem: "Não confie!". O Diabo lança em sua mente palavras que parecem dizer: "Lembra-se da última vez que você fracassou? Você não vai conseguir. Não se envolva, não se exponha, não confie". Assim, tornamo-nos pessoas desconfiadas, um pouco frias ou ainda calculistas demais quando o assunto é expor as emoções. Referências que outrora construímos nos decepcionam gravemente, e nosso coração fica falido. Passamos a ser incapazes de confiar nas pessoas e também não conseguimos confiar em Deus. Nós o amamos e o adoramos, vamos à igreja e até pregamos o seu nome, mas nosso coração está fechado a sete chaves.

Autossuficiência nem sempre é sinal de arrogância: pode ser um pedido de socorro. Alguns dizem: "Se fui ferido tão cedo e tão profundamente, é melhor aprender a me virar sozinho. Eu me basto!". Por outro lado, Satanás oferece banquetes para o ego — ele é especialista nisso. Quando o adversário vê uma pessoa autossuficiente, sabe que ela está cheia de si e nela não há espaço para Deus; então lhe oferece uma série de prazeres e distrações. O Diabo tem uma fábrica de ídolos.

Mas, em meio a essa incessante tentativa de autopreservação, ouvimos a voz de Deus nos chamar pelo nome. Nossa vida não pode falar mais alto do que a voz divina. O Senhor tem um plano e nos chama de volta. A Bíblia relata que, nos tempos de Oseias, Deus percebeu que seu povo tinha se tornado ingrato e frio, esquecido dos livramentos recebidos da mão divina ao longo de sua história. "Mas eu sou o Senhor, o seu Deus, desde a terra do Egito. Vocês não reconhecerão nenhum outro Deus além de mim, nenhum outro Salvador. Eu cuidei de vocês no deserto, naquela terra de calor ardente. Quando eu os alimentava, ficavam satisfeitos; quando ficavam satisfeitos, se orgulhavam, e então me esqueciam" (Os 13.4-6). Isso mostra que servir a Deus não nos protege dos desvios e dos atalhos atraentes disponíveis no caminho. Em nossa trajetória de vida, é possível que em algum momento tenhamos nos iludido com a glória deste mundo e deixado para trás o primeiro amor.

Jamais em sua vida permita que a satisfação o torne orgulhoso e o afaste de Deus. A soberba é o ato de mostrar-se orgulhoso do favor de Deus. A gratidão, por sua vez, é a porta da felicidade. Já a ingratidão é a semente de um futuro em solidão. Por muitos anos eu não deixei que Deus participasse das minhas decisões, pois achava que não podia esperar por respostas. Por isso, abri muitas concessões; tudo tornou-se relativo, nunca faltou uma filosofia na qual eu pudesse apoiar minhas ideias. Minhas vontades eram sempre fortes demais, e, infelizmente, eu só buscava a Deus de fato quando as consequências de minhas escolhas já se mostravam ruins e não adiantava mais nada. Colhi muitos frutos maus por semear de modo equivocado e vivi muitas aflições por ser uma cristã carnal.

Refletindo sobre tudo isso, passei por um longo período de arrependimento e reprogramação de atitudes. A Palavra de Deus passou a fazer mais sentido, comecei a entender de fato o que o Espírito Santo dizia. Essa mudança me deixou feliz como nunca. O amor que veio de Deus enquanto ele me fazia útil para si foi capaz de me dar plenitude. Depois de conhecer Jesus e se deixar preencher por ele, Paulo entendeu o poder de ser fraco, a riqueza de ser pobre, a vida eterna que decorre da morte para o mundo. Hoje eu entendo isso.

Deus restaurou minha confiança e eu vi que podia me render a ele. Foi quando me esvaziei que ele me encheu. Algumas pessoas estão com o coração adoecido pela espera. Com medo de confessar pensamentos de abandono que denunciam sua apostasia, colecionam queixas ocultas manifestas em mau humor, rebeldia, murmuração, gastrites, dores de cabeça, depressão ou uma leve e constante melancolia. Afinal de contas, a lista de orações não respondidas é interminável e a vida é uma sequência de frustrações. Se você se identifica com essa descrição, quero convidá-lo a refletir sobre a coerência de Deus.

Coerente é aquele que não se contradiz; antes, mantém uma ordem lógica entre o que diz e faz, caminhando em uma direção só, onde todos os fatores convergem e colaboram entre si. Somos conduzidos aos pés do Senhor por um caminho reto, de mão única, onde seremos confrontados em nossas vontades, nossos impulsos e nossa velha natureza mortal. Ceder às pressões de pensamentos inconstantes, ideias obscuras ou tentações imorais roubará nossa coerência e tornará nossa colheita infrutífera, pobre e carnal.

Em geral, os incoerentes são adúlteros, prostituídos, impuros, lascivos, idólatras, briguentos, explosivos, fofoqueiros, hereges, invejosos, homicidas, beberrões, glutões e coisas semelhantes (cf. Gl 5.19-21). Caso haja incoerência em sua vida, avalie quanto você é responsável pelo que está vivendo hoje e peça a Deus que o livre dessa postura. "Ninguém pode servir a dois senhores; pois odiará um e amará o outro, ou se dedicará a um e desprezará o outro" (Mt 6.24).

Muitos têm me pedido para orar por milagres e curas, e tenho observado que alguns desejam andar apenas para poderem correr em direção aos seus maus caminhos. Outros querem enxergar apenas para expor a mente à maldade. E há aqueles que desejam encher suas mochilas de bênçãos somente para viver suas aventuras pessoais e egoístas. Não faltam nem mesmo idólatras, que querem, por exemplo, o namorado de volta para colocá-lo no lugar de Deus. Por não enxergar sua incoerência, essas pessoas reclamam por meio de orações vazias e culpam Deus por sua infelicidade. "Quando pedem, não recebem, pois pedem por motivos errados, para gastar em seus prazeres" (Tg 4.3).

Preciso dizer algo a você: Deus não é seu servo, ele não vai obedecer à sua vontade. Ele é o Senhor dos senhores e o Rei dos reis, pronto para abençoar, mas, antes, certamente disposto a livrá-lo da incoerência que o afasta dele. Eis o desejo do Todo-poderoso:

> Submetam-se a Deus. Resistam ao Diabo, e ele fugirá de vocês. Aproximem-se de Deus, e ele se aproximará de vocês! Pecadores, limpem as mãos, e vocês, que têm a mente dividida, purifiquem o coração. Entristeçam-se, lamentem-se e chorem. Troquem o riso por lamento e a alegria por tristeza. Humilhem-se diante do Senhor, e ele os exaltará.
>
> Tiago 4.7-10

Suas atitudes podem estar lhe oferecendo como brinde uma passagem de primeira classe para um lugar muito distante de Deus. É tempo de pensar se você está disposto a voltar. Sei quanto Deus quer fazê-lo feliz, pois ele o ama. Você precisa dispor-se a realmente viver a vontade do Senhor.

Testemunhando a ação de Deus

A força de um testemunho é o que tira do papel o poder do evangelho. É o que torna a Bíblia um livro não teórico, mas prático. É o que dá cor, luz e som às experiências com Deus que não ficaram no passado. A força de um testemunho é a manifestação da verdade que diz: "É possível! É real!". E pode ser assim com todo que crer e agir de acordo com a fé.

A força de um testemunho é verbo em forma de carne e não de letra. É Cristo em nós e paz na terra como no céu. Busque em Deus uma história verdadeira para contar. Clame pela transformação que vem do alto e pelos frutos da ação do Senhor em você. Clame pelas marcas de Cristo em seu caráter e no de todos ao seu redor. Arrependa-se quantas vezes for preciso. Caminhar com o Senhor é um desafio diário. Ter um testemunho para contar não é ser perfeito; afinal, ninguém é.

Ter um testemunho é sacrificar a inércia e avançar em direção a Deus, escolhendo a cruz todos os dias em busca de ser melhor. Ponha sua fé em prática até que veja os frutos por ela gerados; não desfaleça nem desista! Você estará pronto para contar sua história quando não for mais o protagonista.

Santidade e a busca do prazer

Os extremos sempre corrompem a verdade. Vejo que hoje muitos percorrem as ruas embriagados por dinheiro, beleza, paixões humanas... Tudo isso são elementos altamente prazerosos, que nos fazem sentir como super-heróis. Passeando pelos extremos, vamos encontrar religiosos, fanáticos, obsessivos, obstinados, *workaholics*, marombeiros, compradores compulsivos ou simplesmente aqueles que estão curtindo tanto a vida, inebriados pela curtição, a ponto de se esquecerem de fazer a própria vida valer a pena.

Quando nos encontramos com Cristo, tornamo-nos reis e sacerdotes — e isso nos dá muito poder. Diante da liberdade que há em Jesus, temos a responsabilidade de mantê-la e, certamente, não fazemos isso comandados pela emoção. Crer em Cristo é padecer por ele também. E, ainda que alguns extremos sejam muito prazerosos, se o Espírito Santo tiver acesso ao nosso coração, teremos força para permanecer em equilíbrio. Sejamos sóbrios, pois os dias são maus! E é importante frisar: sobriedade não é sinônimo de infelicidade.

O foco é a missão. Seja em festa, em culto, em amor, entre amigos, nas conquistas ou nas perdas, nos sucessos ou tristezas, em tudo que faz parte da vida devemos permanecer santos e focados naquele que veio, padeceu por nós e voltará a qualquer momento. Devemos atentar para que nessa ocasião não estejamos embriagados das coisas passageiras.

Livrar-se de tentações não é simplesmente pedir a Deus que não deixe que elas venham em nossa direção. Algumas "rezas" às vezes são o amuleto de preguiçosos, repetições que distraem a mente da bagunça que ocupa o coração. A oração do pai-nosso nos ensina a pedir que o Senhor não nos deixe cair em tentação e, em seguida, orienta a clamar que ele nos livre do mal. Aqui, entendo tratar-se do mal que há em nosso interior, mais do que qualquer outro, pois o poder que nos tenta se origina dentro de nós mesmos. "Cada um, porém, é tentado pelo próprio mau desejo, sendo por este arrastado e seduzido. Então esse desejo, tendo concebido, dá à luz o pecado, e o pecado, após ter se consumado, gera a morte" (Tg 1.14). Todavia, surge a pergunta: Como afastar-se de si mesmo?

Não transfira suas responsabilidades. Gerencie seu interior e escolha o que deseja querer. Guardar os olhos é um bom começo. Limpar os ouvidos é uma sábia escolha. Selecionar as conversas e meditar na verdade dia e noite o presenteará com bons desejos. Estes, por sua vez, levarão suas orações até o céu. Pedir o que é certo e bom para você o guardará das frustrações. Aprenda a dizer *não* ao mal. Isso vai purificar seus passos e iluminar seu caminho. Você se sentirá feliz e satisfeito. Vencer-se é a maior de todas as vitórias! "Feliz é o homem que persevera na provação, porque depois de aprovado receberá a coroa da vida, que Deus prometeu aos que o amam" (Tg 1.12).

Ao contrário do que muitos dizem, em um discurso triunfalista mas equivocado, fazer o que é certo não é fácil. Vivemos em um mundo governado por sentimentos, emoções e vontades. Pessoas com desejos desenfreados são nossos formadores de opinião, e famílias inteiras se reúnem para assistir na televisão a enredos dominados pela paixão. O vício do coração dessa gente se fixou em uma tela por causa da ausência de autorreflexão e pelo impulso de fazer sempre o que tem recompensa imediata.

A vida fugaz faz sua consciência culpá-lo sem que as razões fiquem claras. É hora de você fazer as pazes com sua consciência, ser sincero com suas vontades e avaliar o destino de seus desejos. Isso é decidir ser responsável por suas escolhas. Isso é amadurecer. Alguns dias maus podem ser evitados, desde que você se cuide. Vamos fazer o que é certo um dia de cada vez? Ainda que não seja confortável, ainda que não seja parecido com nada do que você vê na televisão, ainda que seja novo e estranho, posso lhe assegurar que essa preciosa decisão culminará em paz e bondade.

Toda mudança começa no campo das ideias. E voltar para o centro da vontade de Deus exige que mantenhamos o pensamento fixo no que ele pensa de nós, no que a Bíblia diz a nosso respeito. É preciso ter tempo de qualidade na presença de Jesus até que consigamos discernir sua voz, por meio de oração e leitura bíblica. Meditar na Palavra e falar com aquele que a inspirou sempre manterá nossa mente protegida. Por sua vez, uma vida de oração fará farto nosso celeiro, pois orar é como voltar para casa, voltar para o Éden, voltar para o céu. Então, no dia da fome, teremos mantimento para a alma; no dia da sede, teremos rios de água viva a sorver. Orar é sair do tempo e passear em uma estrada onde o que será já foi e onde o que é vem em nossa direção. Orar é trazer para perto o que sua mente já alcançou pela fé. Platão dizia que o tempo é a eternidade em movimento; eu digo que a eternidade em movimento é você. Se você medita dia e noite na Palavra de Deus e seus lábios não se cansam, seu espírito transborda, e todos à sua volta são transformados. Todo o seu potencial será desenvolvido em uma vida de oração e, de fé em fé, de glória em glória, você viverá o brilho de cada fase até que seja dia perfeito.

Nosso desafio diário é *permanecer*. Conhecemos Cristo mediante a fé, e pela fé alcançamos suas promessas. Por isso, quando nossos sentimentos conflitam com aquilo em que cremos, precisamos fazer uma escolha. Nenhum bem ou mal é perene; ambos precisam de manutenção. Muitas vezes, o mal que nos acompanha é mantido por nós mesmos, e o bem que desejamos também requer manutenção diária. Ninguém pode fazer isso por nós. Temos o poder de decidir onde vamos permanecer: na fé ou em nossas forças, nos prazeres momentâneos ou na renúncia que nos leva aos prazeres permanentes e eternos.

SOFRIMENTO

Na jornada da vida, muitas vezes só encontramos as portas certas depois de ter chorado o erro de entrar por onde não devíamos. Outras vezes, o sofrimento vem por motivos que só o Onisciente sabe. Mas há algo a ser considerado: aflições podem ser oportunidades divinas. Temos de suportar adversidades para amadurecer em direção a um discurso prático, com experiências reais, construídas em meio a crises e períodos de intensa superação.

Crianças superprotegidas se tornam adultos incapazes de tomar decisões. Adultos que evitam as crises e rejeitam as adversidades desperdiçam a chance de receber de Deus "o caminho das pedras". Na trilha que conduz para fora do vale, você é capaz de deixar pegadas que conduzirão uma multidão. O seu sofrimento pode ser o aprimoramento que você tanto tem pedido a Deus. Aprenda com ele. Não deixe que a sua dor termine antes de torná-lo uma pessoa melhor. Essa é a graduação dos sábios. Suportar com paciência, resistindo ao mal, e não ao dia mau, pois este pode colaborar para o seu bem.

> Mas se esperamos o que ainda não vemos, aguardamo-lo pacientemente. Da mesma forma o Espírito nos ajuda em nossa fraqueza, pois não sabemos como orar, mas o próprio Espírito intercede por nós com gemidos inexprimíveis. E aquele que sonda os corações conhece a intenção do Espírito, porque o Espírito intercede pelos santos de acordo com a vontade de Deus. Sabemos que Deus age em todas as coisas para o bem daqueles que o amam, dos que foram chamados de acordo com o seu propósito.
>
> Romanos 8.25-28

OPOSIÇÃO

Em todo lugar existem ladrões de sonhos, indivíduos que não suportam ver você crescer. Orquestrados pelo Diabo, atuam no mundo físico e espiritual. São fofoqueiros, infelizes, frustrados, violentos, mentirosos, caluniadores e perseverantes em seus maus intentos. Instalam escutas telefônicas, vigiam os seus passos, investem dinheiro e tempo para denegrir sua imagem — e, muitas vezes, usam o nome de Deus.

Seria ótimo se todos fossem bons e não existisse a maldade, mas ela existe e está bem perto de nós. Acorde! Não é hora de dormir. Já sabíamos que teríamos dias difíceis nos últimos tempos. E não preciso de muito esforço para convencer você de que os últimos dias já chegaram. Vivemos neles.

> Saiba disto: nos últimos dias sobrevirão tempos terríveis. Os homens serão egoístas, avarentos, presunçosos, arrogantes, blasfemos, desobedientes aos pais, ingratos, ímpios, sem amor pela família, irreconciliáveis, caluniadores, sem domínio próprio, cruéis, inimigos do bem, traidores, precipitados, soberbos, mais amantes dos prazeres do que amigos de Deus, tendo aparência de piedade, mas negando o seu poder. Afaste-se desses também.
>
> 2Timóteo 3.1-5

Não raro, ainda enfrento alguma dificuldade para sair do romantismo que me faz acreditar em todo mundo. O Espírito Santo tem me chamado a atenção para o alerta que orienta a não confiarmos plenamente em todos que nos cercam. Os dias são maus. Não deseje o mal; simplesmente entenda que nem tudo é para todos! Entenda que a pessoa que pretende se aproximar de você e receber o que você oferece precisa antes conquistar sua confiança. Nosso adversário sabe quanto vale um homem que está disposto a ir além da normalidade, que tem boas metas e luta para alcançá-las. E ele se opõe, joga baixo, joga sujo.

Como avançar diante da oposição? Como continuar caminhando nos dias em que o peso parece grande demais? Vista-se de integridade — é uma roupa leve! Encha-se de adoração, pois ela é um conteúdo que protege. Declare a Palavra de Deus e viva o que será como se já fosse, porque não há poder maior que o da verdade. Permaneça inabalável. Resista! O inimigo não é tão poderoso como parece.

Peça a Deus que lhe mostre a defesa que ele provê. Se você conseguir discernir o mal, certamente os seus olhos se abrirão e você enxergará o poder da defesa que existe em seu favor, pois ela é infinitamente maior do que qualquer adversidade. É invicta e soberana, herança irrevogável dos filhos e amigos de Deus. Oro para que o Senhor abra os seus olhos hoje e você veja que não está sozinho. Dê lugar à boa, agradável e perfeita vontade de Deus.

Lembre-se sempre de que maior é aquele que idealizou você, planejou os seus dias, tem bons propósitos a seu respeito e trabalha junto com você para cumprir cada um deles.

AMOR

A sabedoria não pode mudar o mundo. Dons e talentos também não. Só o amor pode mudar tudo. Se a minha fé não é capaz de me fazer compreender quanto Deus me ama, ela não serve para quase nada. De que me adianta crer em Deus e saber que ele é poderoso se, diante das minhas necessidades, eu não me sinto uma prioridade dele? Se não vejo minha importância? A insegurança tem calado nossos lábios diante de Deus porque, às vezes, achamos que ele está zangado, pois ignoramos o poder do seu amor, que excede o entendimento e cobre uma multidão de erros.

É preciso que o Senhor nos mostre a profundidade do seu amor para que possamos ser cheios da plenitude divina. Tenho buscado isto: compreender o amor de Deus e amar como ele amou. Parece impossível, mas se o Senhor Jesus nos desafiou é porque sabe que somos capazes de viver como ele viveu e fazer o que ele fez — e até coisas maiores.

Durante toda a minha vida, duvidei do amor das pessoas. Sempre achei que em algum momento desistiriam de mim. Minha infância foi cheia de conflitos e me marcou por toda a vida adulta. Nunca sabemos como as crianças vão assimilar o que acontece dentro de casa e, às vezes, grandes problemas passam despercebidos, e outros menores geram marcas potencialmente indeléveis. Nossa alegria está em saber que o roteiro de nossa história está nas mãos daquele que apaga transgressões e escreve novos capítulos cheios de superação. Por isso, mesmo depois de um período tão difícil de dependências, separações, conflitos, grandes perdas e dores, eu me senti plena. Tudo por conta do infinito e perfeito amor divino.

Deus me consolou sobrenaturalmente. Pensando em toda a fragilidade provocada pelo coma e as centenas de procedimentos pelos quais passei, sob o cuidado de gente que eu não conhecia, eu só podia pensar em quanto tempo perdi na minha vida duvidando do amor do Pai. Quantas vezes me defendi, achando estar em perigo e, com isso, o impedi de me proteger. Quantas vezes, centrada em mim mesma, perdi grandes chances de viver o amor verdadeiro. Não podia perder mais essa chance! Sim, porque, em todos os dias de minha recuperação, eu ouvia uma doce voz dizer: "Consegui convencê-la do meu amor por você?".

Jesus está voltando

Após tudo que vivi, cheguei à mais importante conclusão: o nosso amado Senhor está voltando.

Falar sobre o fim dos tempos parece uma piada para a sociedade em geral, e qualquer tipo de abordagem semelhante terá pouca audiência. Satanás já anunciou o fim do mundo de diversas formas e com muito alarde, para confundir o ser humano. O pai da mentira é especialista em roubar nossa atenção com movimentos mundiais alimentados pelo medo e pela insegurança, sentimentos que provocam uma forte combustão capaz de explodir a lucidez humana. E isso me faz lembrar daquele que não mente e não brinca com a verdade: Jesus. Um dia Cristo falou dos sinais do fim dos tempos e suas palavras não soavam como uma piada:

> Os céus e a terra passarão, mas as minhas palavras jamais passarão. Quanto ao dia e à hora ninguém sabe, nem os anjos dos céus, nem o Filho, senão somente o Pai. Como foi nos dias de Noé, assim também será na vinda do Filho do homem. Pois nos dias anteriores ao Dilúvio, o povo vivia comendo e bebendo, casando-se e dando-se em casamento, até o dia em que Noé entrou na arca; e eles nada perceberam, até que veio o Dilúvio e os levou a todos. Assim acontecerá na vinda do Filho do homem.
>
> Mateus 24.35-39

Não há tempo para distrações. Não há espaço para curtição. Propósito não tira férias. Vivo por Jesus e para ele, e até quando descanso meus pensamentos estão em seu amor. Tenha cuidado com as distrações. O mundo não acabou na última vez que disseram que acabaria. Mas a volta do Senhor chegará como um ladrão. Não haverá alarme, não haverá tempo de se preparar. Pode ser hoje, pode ser agora. Você está pronto?

Palavras finais

Após oito meses da alta hospitalar, durante os quais me dediquei totalmente à reabilitação física e emocional, recebi orações e palavras que me direcionavam ao serviço missionário em tempo integral. Minha congregação local me forneceu apoio em todo o tempo, o que me permitiu ver o evidente propósito de Deus em tudo que acontecia. Também pude vislumbrar um futuro que para mim era muito distante, no qual milhares de pessoas seriam alcançadas pelo que Deus estava fazendo milagrosamente em minha vida.

Meu bebê ainda não tinha muita intimidade comigo e eu tinha medo de amá-lo e não ser correspondida. Meu pensamento era que Vittorio talvez estivesse triste comigo, em razão da ausência promovida pela enfermidade, mas eu orava incessantemente ao Espírito Santo que me preenchesse por completo e, assim, formasse em mim a mãe que ele queria que eu fosse. Com o passar do tempo, eu e meu filho nos tornamos cúmplices. Hoje, somos inseparáveis. Eu o amo como se o tivesse visto nascer, pela intervenção direta de Deus!

No primeiro ano de meu novo ministério, minhas frequentes viagens para pregar e palestrar somaram mais de 150 cidades visitadas. No segundo ano, esse número foi ainda maior. Vi milagres maravilhosos diante dos meus olhos e milhares de vidas rendidas à perfeita vontade de Deus. A minha reabilitação era gradativa, mas constante.

Tornei-me conferencista internacional e, para minha surpresa, meus livros ultrapassaram as marcas de *best-sellers*. Meus leitores eram curados para curar, transformados para transformar e tocados pela fé do Deus do impossível, que lhes ensinava a não desistir. A intensidade com que passei a viver o evangelho motivou muitos cristãos a partir para a fé prática, orando por enfermos, libertando os cativos, retornando ao primeiro amor. Nunca sonhei com esse alcance, mas em minha mente tenho a firme convicção de que fui curada para viver na plenitude do Espírito Santo, ensinando a Igreja a restaurar o amor e o anseio pela volta iminente de Jesus Cristo.

A decisão de me consagrar por completo, cuidando de minhas roupas e de todo o meu comportamento, para glorificar a Deus em tudo, me transformou em uma nova criatura. A submissão de meus pensamentos, minhas ideias e vontades mudou o meu coração. Concluí que toda capacidade que Deus me devolvesse seria para trabalho em seu reino, e cuidei para que assim fosse. Admirada, vivencio a multiplicação de dons e frutificação de talentos para Deus.

Passados três anos da alta, minha voz começou a se tornar mais forte e afinada. Compus muitas canções durante minhas viagens missionárias, e voltar a cantar é mesmo uma grande surpresa para mim, visto que fui diagnosticada com encurtamento da laringe e atrofia severa das pregas vocais. Nunca fiz tratamento com fonoaudióloga porque não acreditavam que a condição de minha voz fosse reversível. Mas, hoje, essa voz carrega uma história e, apesar de grave e rouca, me possibilita adorar ao Deus que me deu a vida de volta. Eu resisti à ideia de que poderia cantar novamente, pois fui chamada para o ministério da Palavra e me sinto convocada a proclamar o avivamento por meio da mudança da mentalidade da Igreja.

Sinto que a maneira como eu vivia antes de experimentar o sobrenatural de Deus em meu corpo e em minhas emoções era superficial e egoísta, e vejo muitos cristãos vivendo, hoje, na esperança de que Deus os sirva ou lhes dê explicações a todo tempo. Só que ele não existe por nossa causa. Nós é que existimos por causa dele. O Senhor se revelou a mim e fui inundada por um amor que jamais havia conhecido. Jesus me respeita, me ama, me aceita e me sustenta. Nada poderia ser melhor. Passei a desfrutar de uma única e valiosa intimidade com Deus. Esforço-me para ser sensível à voz do Senhor, servindo em amor e realizando suas vontades como uma boa noiva. Ele cuida de mim.

Deus reconstruiu minha autoestima e autoimagem e me ensinou como mereço ser tratada. Dia após dia, essa cura foi se revelando mais e mais preciosa, removendo as sequelas que ainda marcavam meu coração. Em certo momento, eu me vi completa, plena de amor; eu estava curada da carência que outrora me fizera errar tanto. Testifico as palavras de Paulo: "Estou convencido de que aquele que começou boa obra em vocês, vai completá-la até o dia de Cristo Jesus" (Fp 1.6).

Com o tempo, percebi que José Vittorio poderia ser um alvo fácil para as tentações desta geração se ele não tivesse um modelo completo de família. Passei a orar por isso, sabendo que meu coração não desejava um novo casamento. Eu me sentia totalmente suprida por Deus. Mas esse pensamento em relação ao meu filho me fez dedicar meses de oração para que o Senhor gerasse em mim o desejo por um novo relacionamento conjugal e me capacitasse para viver o que ele parecia estar planejando para minha vida.

Eu tinha muitas marcas no meu corpo e não me sentia atraente. Além disso, estava muito concentrada no ministério e nos novos livros e não via mais feminilidade em mim.

Enquanto isso, Felipe Heiderich, um pastor que vivia do outro lado da cidade, orava em secreto pedindo a Deus uma esposa. Ele já aguardava havia mais de dez anos, em oração, e pedia ao Senhor que o honrasse com uma companheira. Ele era pastor de jovens e ensinava suas ovelhas a guardar-se com pureza para a pessoa amada. Um dia ele leu nas redes sociais um de meus textos e decidiu pesquisar sobre a autora de revelações que lhe chamaram a atenção. Ao ver minha foto, teve a certeza de ter encontrado a mulher que aguardava desde os 17 anos. Agora, aos 32, ele se via pronto para viver seu grande sonho. Então Felipe fez um compromisso de oração com Deus. Avisou a todos os seus amigos que não estava mais à procura e, pela fé, começou a investigar minha vida, para saber tudo que podia a meu respeito.

Eu, que nem imaginava que isso estivesse acontecendo, continuava orando a Deus, pedindo-lhe que me explicasse o que esperava de mim. Até que, um dia, soube de uma campanha de oração feita em favor de uma mulher enferma. Decidi ir até essa mulher, a fim de orar por ela. Já fazia quatro meses que Felipe estava orando por nosso encontro quando pediu a Deus um sinal: que eu chegasse até ele de alguma maneira. Realmente, isso era muito improvável. Entretanto, no dia em que procurei informações sobre a campanha de oração por aquela enferma, cheguei até Felipe, pois tal mulher fazia parte da comunidade de que ele cuidava. Quando entrei em contato, ele teve certeza da resposta de Deus.

Comecei a receber em meu telefone celular mensagens com orações e bênçãos da parte desse pastor. Fiquei curiosa para saber quem ele era e resolvi pesquisar na internet. Descobri que tínhamos ministérios muito parecidos, e ele parecia amar a Bíblia e o Espírito Santo com a mesma intensidade que eu. Mas não passava pela minha cabeça que ele estava decidido a se casar comigo. Quando eu assistia às suas pregações pela internet, orava ao Senhor: "Eu não desejo me casar de novo, mas, se um dia isso for possível, creio que eu precisaria de alguém como esse jovem pastor. Ele é inteligente e maduro, ama a ti e prega com muita integridade". Então passei a responder àquelas mensagens, para conhecê-lo melhor. Quando Felipe me disse que era escritor, pedi que me indicasse algum de seus textos para leitura. Ele me enviou o seguinte poema:

> Bem, hoje eu me peguei pensando em você.
> Ih... Como não pensar, se quase consigo sentir o seu cheiro no ar?
> Ah, hoje eu me peguei pensando em você,
> No seu rosto tão doce como a mais pura nuvem que colore o céu azul.
> Coube a mim, apenas, relembrar que hoje eu me peguei pensando em você.
> Ademais, como não pensar?
> Todavia, teria eu como fugir de tal universo?
> O coração que me engana se aliou à minha mente em complô,
> Leva-me a um tom, a uma utopia da realidade
> E vislumbra sonhos, repensa o futuro, fala com Deus.
> Donde estás? Vem pra mim!
> Ouça o meu coração a dizer que agora todos os dias me pego pensando em você.

Quando li isso, indaguei a Felipe: "Que poema lindo! Você é sempre tão romântico assim em seus textos?", ao que ele respondeu: "Veja a primeira letra de cada frase". Voltei, então, ao poema e me surpreendi ao ver meu nome assinalado por entre as letras. Eu não fazia ideia de suas intenções, por isso perguntei: "O que meu nome está fazendo em seu poema?". Felipe, com segurança e rapidez, devolveu: "Ele foi escrito há quatro meses. Há muito tempo oro por você e pesquiso sobre sua vida. E este é um pedido oficial para que você fale com Deus a respeito de mim". Eu não sabia se estava pronta para isso, nunca tinha recebido uma abordagem tão direta, inteligente e objetiva. Assim, respondi: "Vou falar com o Espírito Santo".

Durante um mês, oramos por intermédio de mensagens e depois por telefone, até que nos vimos pela primeira vez. Era um encontro de almas, propósitos e sonhos; algo assustadoramente perfeito e focado em Deus. Um namoro a três foi formado junto ao Espírito Santo, numa preparação para um novo e poderoso tempo, o início de uma nova família. Quatro meses depois, oficializamos o namoro diante do meu pastor e marcamos a data do casamento.

A convicção de Felipe curava as minhas inseguranças. Ele sempre teve certeza e tinha todas as respostas prontas. Estava disposto a fazer o que fosse preciso, e isso me conquistou. Fomos aperfeiçoados pelo amor, para, juntos, servir em uma mesma missão. Ele venceu o medo de ficar só, e eu, o de acreditar de novo. O perfeito amor entre nós lançou todo o medo para fora de meus pensamentos antigos e sentimentos incertos.

Em 17 de novembro de 2013, nós nos unimos no altar de Deus, na presença de amigos e parentes. O que temos vivido como família daria outro livro, porque as surpresas que tenho recebido nesta plena restituição parecem infindáveis e continuam completando o absoluto propósito de viver em obediência, no centro da vontade de Deus.

Jesus é realmente surpreendente e, por tudo que fez em minha vida, não me canso de lhe agradecer:

> Obrigada, Senhor, por tua graça e por teu amor, que nos ensina a viver contentes em toda e qualquer ocasião, nos vales e nas montanhas, no dia bom e no dia mau, na alegria e na tristeza, na saúde e na doença. Pois sabemos que tu estás conosco todos os dias, até a consumação dos séculos.

Testemunhas do milagre

Eu chegava sem fé à porta do CTI. Quando entrava para orar por Bianca, eu era tomada de uma fé tão absoluta que saía consolada e ainda mais convicta da cura. Toda vez que chegávamos perto da Bianca para orar, sentíamos uma forte presença divina e nós saíamos do hospital com essa certeza do mover do Senhor. Foi uma grande batalha, mas eu faria tudo outra vez. Foi uma luta de toda a Igreja, e não só minha. Eu me lancei sobre a Bianca e falei que não ia permitir que ela morresse. As palavras eram *fé* e *perseverança*. Sabíamos o que Deus podia fazer, e ele assim fez porque quis. E foi um milagre de ressurreição, sim, porque todo o organismo dela parou. Não sabíamos como Bianca voltaria, mas a queríamos de volta. E ganhamos mais do que pedimos, porque ela voltou para pregar vida.

Fernanda Brum
Cantora

Hoje, fica claro que Deus tinha um plano ministerial maravilhoso na vida desta serva, que passou por tantas dores. Glória a Jeová Rafá, o Deus que cura!

Josué Valandro de Oliveira Jr.
Pastor da Igreja Batista Central da Barra da Tijuca

Até este momento eu não acreditava na existência de Deus, mas, depois de conhecer esta história, vou precisar mudar meus conceitos.

George P.
Leitor

Quando Bianca retornou ao hospital em que eu trabalhava, meses após a alta, pude ver que o Senhor é bom e sua misericórdia dura para sempre. Ele provou a minha fé e hoje posso dizer que fui aprovada. Glória a Deus por isso! Agradeço porque pude viver de perto um milagre, o milagre da vida. Bianca Toledo é uma paciente que mudou a história da minha vida e da minha fé.

Dra. Carla Fellows
Psicóloga do CTI

Sei que a história deste milagre terá grande efeito em muita gente, mas é imensurável o impacto que causou em mim. Pois eu vi a Bianca sem vida, desfigurada, irreconhecível, com cheiro de morte. Ver a Bianca viva hoje é mais uma prova da fidelidade, do cuidado e do amor de Deus. Sou testemunha ocular deste milagre.

Rebeca Neemer
Amiga de Bianca

Testemunhar a saída de Bianca do hospital e vê-la recuperar-se a cada dia, com seu pequeno filho tão especial, nos mostra quanto Deus tem uma história peculiar para cada um de nós. A última palavra vem sempre de Deus! Ele marcou a vida de Bianca e a de

José Vittorio, marcou a minha vida e a do meu esposo, marcou a vida de muitos que estiveram direta ou indiretamente envolvidos nesta história. E também marcará a vida de muitos que ainda conhecerão este milagre. A Deus toda a honra e toda a glória!

Suely Yanez
Amiga de Bianca

A vida da Bi é prova da existência de Deus e testifica o que a Bíblia nos diz em Tiago 5.16: "A oração de um justo é poderosa e eficaz".

Maria Cecília
Irmã de Bianca

Imagens de uma vida

A pequena Bianca ensaia
seus primeiros passos.

Apesar da aparente felicidade, Bianca foi uma adolescente cheia de conflitos.

A carreira de Bianca como cantora decolou graças à sua participação no programa de Raul Gil.

A voz marcante e potente de Bianca logo chamou atenção do público.

Na época de faculdade, Bianca tinha uma relação bastante próxima com a música.

O chá de bebê de José Vittorio foi um momento muito especial para Bianca, que aguardava o parto com alegria.

Bianca compartilha da alegria da gravidez com sua mãe.

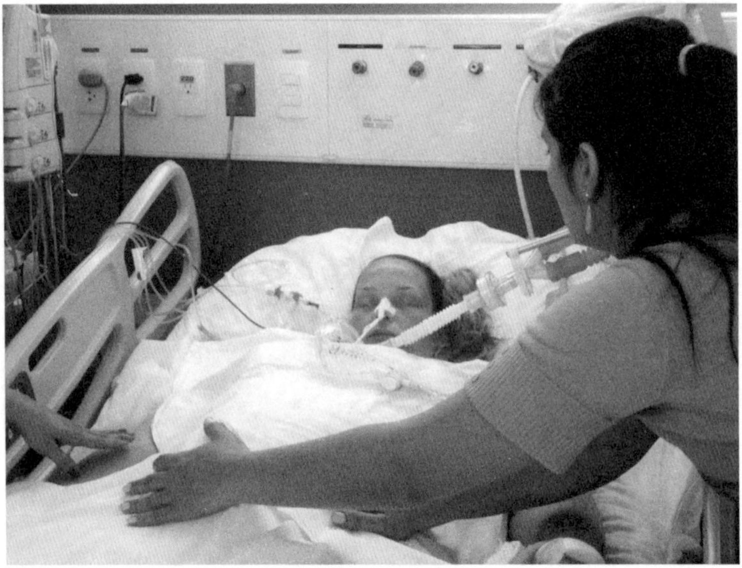

O início do drama: Bianca é internada em estado grave.

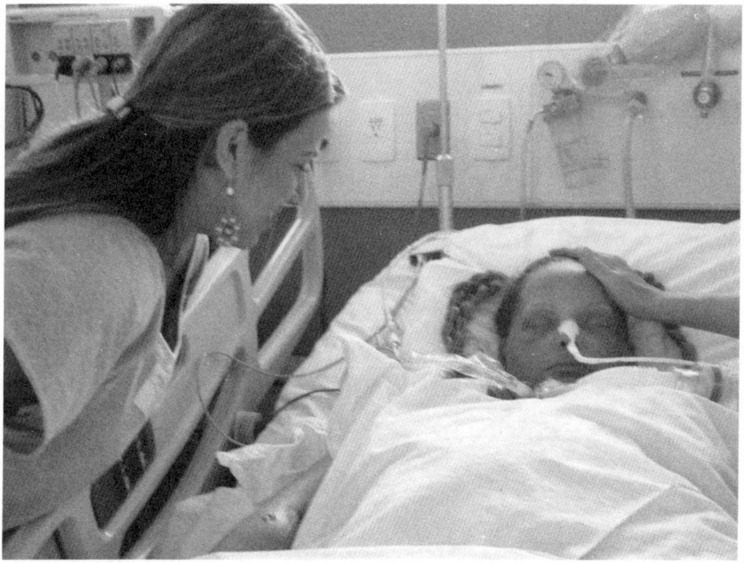

Muitos amigos visitaram Bianca durante seu coma, para oferecer solidariedade e interceder por sua vida.

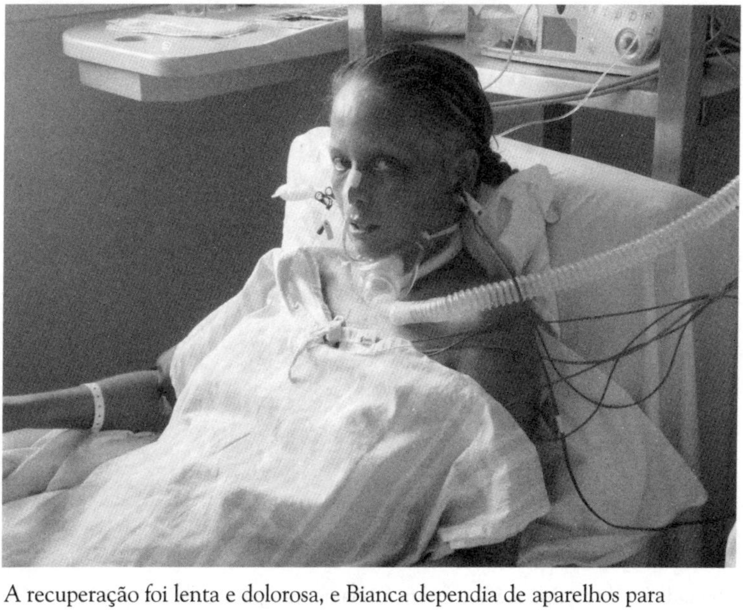

A recuperação foi lenta e dolorosa, e Bianca dependia de aparelhos para sobreviver.

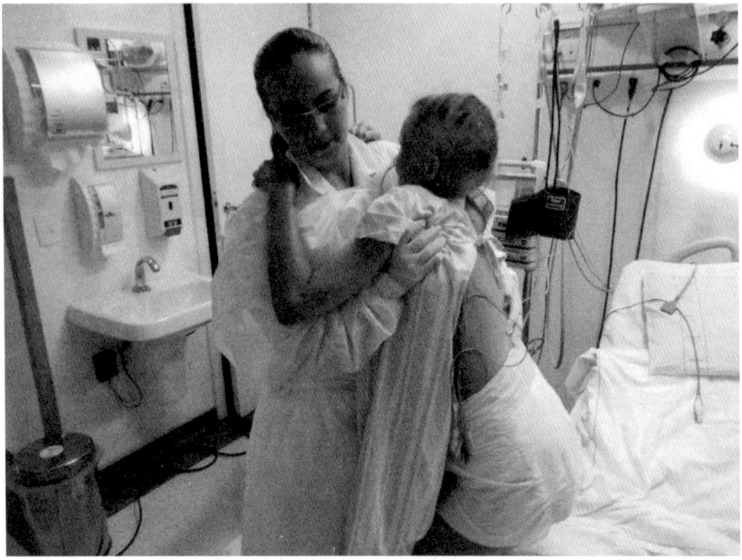

O longo período de imobilização obrigou Bianca a se esforçar muito para fazer tarefas simples, como caminhar.

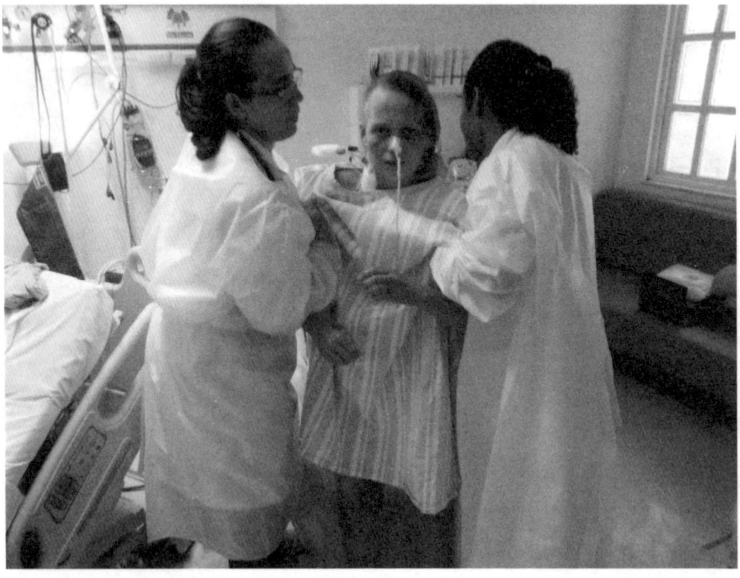

Os cuidados da equipe médica foram fundamentais para a recuperação e a reabilitação de Bianca.

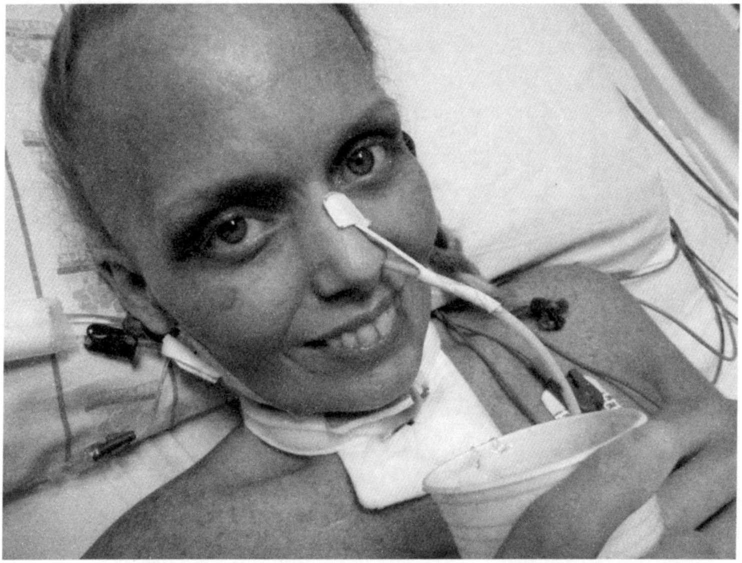

A volta à vida trouxe novamente o sorriso ao seu rosto, ainda debilitado.

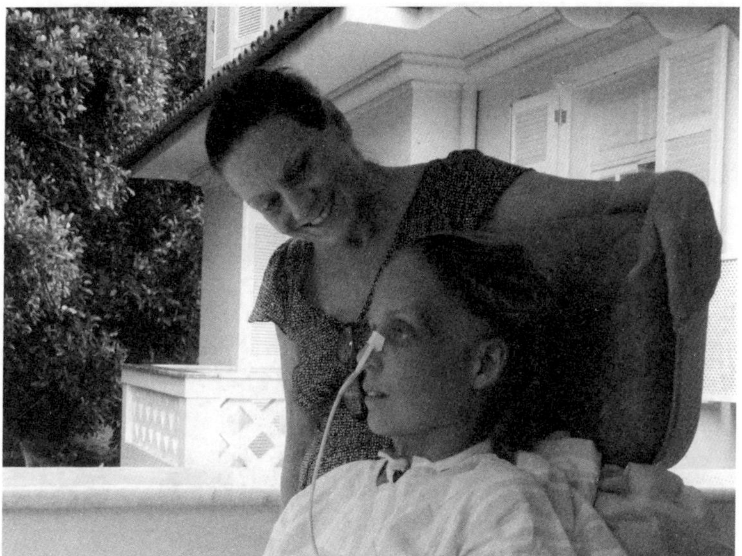

O longo sofrimento e as limitações levaram Bianca a valorizar as pequenas coisas da vida.

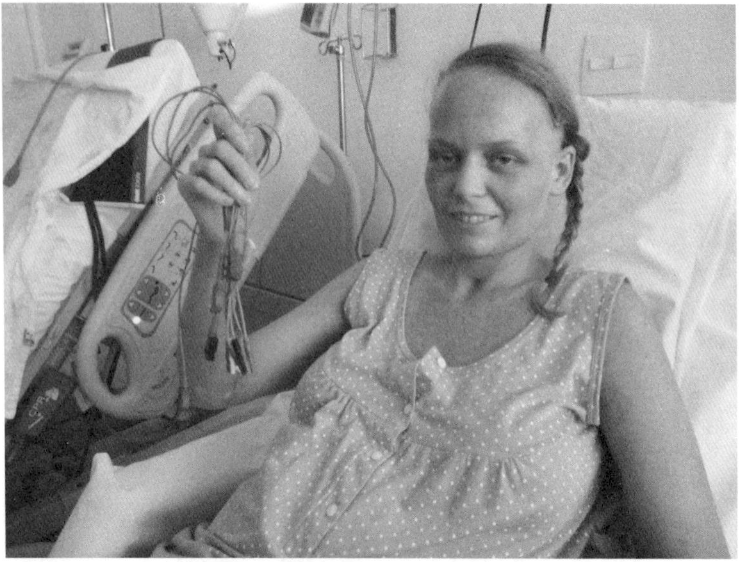

Aos poucos Bianca recuperou as capacidades físicas e mentais.

Em nenhum momento Deus desamparou Bianca e, mesmo em meio ao sofrimento, ele se fez presente de muitas maneiras.

Bianca recebeu a visita de amigos queridos, como a cantora Fernanda Brum.

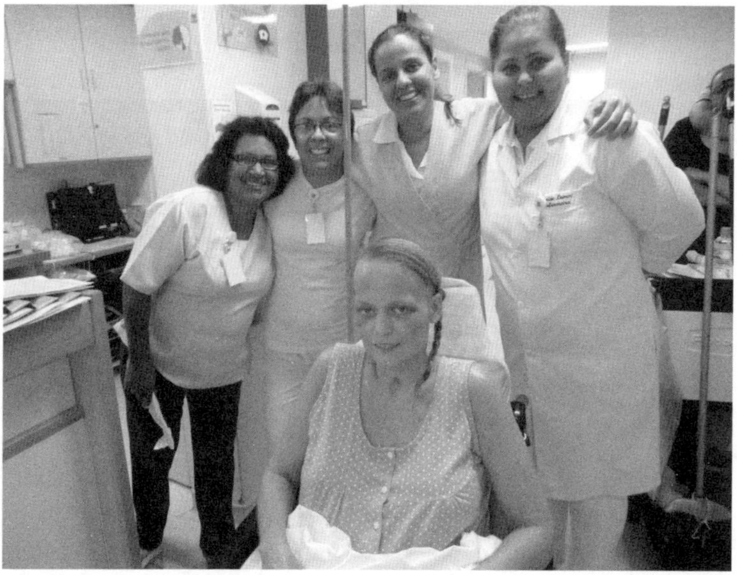

A equipe médica ficou assombrada com a recuperação de Bianca e se alegrou quando ela recebeu alta do hospital.

O primeiro encontro com José Vittorio foi marcado por intensa emoção.

Depois de meses sem poder tocar no filho, Bianca finalmente recebeu autorização para tomá-lo em seus braços.

A primeira vez que Bianca saiu de casa, ainda fraca e debilitada, foi para comemorar o aniversário de sua irmã Fernanda.

Já plenamente recuperada, Bianca conheceu o pastor Felipe Heiderich, com quem se casou.

O casamento celebrou o início de uma nova família e de um ministério frutífero.

A missionária Bianca passou a viajar com constância para ministrar sobre o amor e a graça de Deus.

Em uma conferência em Jaraguá do Sul, uma mulher tetraplégica foi curada por obra do Espírito Santo.

Sedentas para ouvir sobre o poder de Deus, multidões passaram a acompanhar as ministrações de Bianca.

Bianca anuncia o evangelho em um estádio de futebol em Santarém, para milhares de pessoas.

Bianca começou a ser requisitadas para falar sobre suas experiências em entrevistas e programas de televisão.

Mesmo com as pregas vocais danificadas, Bianca conseguiu gravar um CD, em mais uma prova do que Deus pode fazer.

Bianca Toledo: prova viva de um milagre que, mais do que tudo, glorifica o nome de Jesus.

Sobre a autora

Bianca Toledo é missionária, conferencista, cantora e autora de *best-sellers*. Membro da Igreja Batista Central da Barra, Rio de Janeiro, é casada com o pastor Felipe Heiderich e mãe de José Vittorio.

Compartilhe suas impressões de leitura escrevendo para:
opiniao-do-leitor@mundocristao.com.br
Acesse nosso *site*: www.mundocristao.com.br

Equipe MC: Maurício Zágari (editor)
Natália Custódio
Projeto Gráfico: Sonia Peticov
Diagramação: Triall Composição Editorial Ltda.
Preparação: Luciana Chagas
Revisão: Josemar de Souza Pinto
Gráfica: Assahi
Fonte: GoudyOlSt BT
Papel: Book Millemiun Slim 70 g/m^2 (miolo)
Cartão 250 g/m^2 (capa)